suhrkamp taschenbuch
wissenschaft 773

Die in diesem Bande vereinigten Untersuchungen Kambartels behandeln die (im Wittgensteinschen Sinne verstandene) philosophische Grammatik einer humanen Lebenswelt, d. h. die sprachliche und praktische Konstitution der Situation des Menschen in der Welt. Gegenstände der Analyse sind dabei u. a. unsere Begriffe von Moralität und Vernunft, der Sitz der Sprache in der menschlichen Lebenswelt, eine rationale Deutung der Religion, die künstlerische und ästhetische Praxis, die Vorstellung von einer natürlichen Evolution des Menschen, der Widerspruch zwischen Freiheit und Naturdetermination. – Gegen relativistische oder szientistische Reduktionen hält Kambartel durchgehend an einer Perspektive praktischer Vernunft fest. Gegen begründungstheoretisch starke Verständnisse universalistischer Moral- und Vernunftprinzipien versucht er allerdings, den vernünftigen Umgang des Menschen mit seiner Welt neu und dabei so zu begreifen, daß die methodischen Formen, in welchen sich der rationalitätstheoretische Grundlagenstreit gegenwärtig vollzieht, in wesentlichen Punkten unangemessen erscheinen.

Friedrich Kambartel ist Professor für Philosophie an der Universität Konstanz.

Friedrich Kambartel

Philosophie der humanen Welt

Abhandlungen

Suhrkamp

CIP-Titelaufnahme der deutschen Bibliothek
Kambartel, Friedrich:
Philosophie der humanen Welt :
Abhandlungen / Friedrich Kambartel. –
1. Aufl. – Frankfurt am Main :
Suhrkamp, 1989
(Suhrkamp-Taschenbuch Wissenschaft ; 773)
ISBN 3-518-28373-1
NE: GT

suhrkamp taschenbuch wissenschaft 773
Erste Auflage 1989

Satz und Druck: Wagner GmbH, Nördlingen
Printed in Germany
Umschlag nach Entwürfen von
Willy Fleckhaus und Rolf Staudt

1 2 3 4 5 6 – 94 93 92 91 90 89

Inhalt

Vorbemerkung

Eine 1976 unter dem Titel *Theorie und Begründung* erschienene Schriftensammlung hatte vor allem solche Untersuchungen dokumentiert, welche der Konstruktiven Philosophie und Wissenschaftstheorie nahestehen. – Obwohl ich einige Kernintentionen des philosophischen Konstruktivismus weiterhin teile, betrachte ich doch inzwischen anderes, insbesondere die methodische Rolle, welche Sprachkonstruktionen gegeben wird, und die von H. Dingler entlehnten Vorstellungen eines methodischen Aufbaus der praktischen Welt, mit einer gewissen Skepsis. Die im vorliegenden Band zusammengestellten Abhandlungen aus den vergangenen Jahren sind zum Teil Schritte auf dem Wege, für sprach-, kultur- und wissenschaftsphilosophische Analysen eine angemessenere Perspektive zu gewinnen. Dabei war mir eine erneute Beschäftigung mit dem Spätwerk L. Wittgensteins eine große Hilfe. – Aus Gründen des inhaltlichen Zusammenhanges habe ich auch einige Untersuchungen aus Jahren aufgenommen, in denen meine philosophische Arbeit die Grundorientierung der Sammlung *Theorie und Begründung* noch eher fortsetzt.
Die vorliegende Auswahl habe ich thematisch auf Schriften zur Ethik, zur Rationalitätsanalyse und zur philosophischen Anthropologie eingegrenzt. Abhandlungen zur Sprachanalyse, Logik und Wissenschaftstheorie möchte ich einem besonderen Bande vorbehalten.
Bei der Redaktion der Abhandlungen für diesen Band hat mich Herr Dr. Martin Wälde ganz wesentlich unterstützt. Dafür gebührt ihm hier ein besonderer und herzlicher Dank.

Konstanz, im August 1988 F. Kambartel

Statt eines Vorwortes[1]

Zu den Vorstellungen, die einer Bestimmung des Philosophen zugrunde liegen, gehört häufig diejenige, daß Methode und Sprache der Wissenschaften die von der Philosophie erwartete, im guten Falle geübte und kontrollierte begriffliche Strenge und Disziplin vermissen lassen; und damit die von den Wissenschaften schließlich beanspruchte Orientierungssicherheit nicht oder nur unzulänglich erreichen.

Ein Weg, die Zuverlässigkeit theoretischer Orientierungen vernünftig zu gewährleisten, scheint es zu sein, zunächst völlig übersehbare, vertraute und unabweisbare lebensweltliche Problem- oder Wahrnehmungssituationen aufzusuchen, welche als gerechtfertigte Ansatzpunkte derjenigen theoretischen und terminologischen Aufbauten dienen können, die wir von den Wissenschaften gewohnt sind. Wer sich vor Augen hält, was ich in den letzten 20 Jahren geschrieben habe – und in gleicher Weise viele andere, die man zur *Erlanger* und *Konstanzer* Schule zählt –, der findet darin genügend einschlägige Beispiele für solche philosophischen Bemühungen um die Wissenschaften. Aber auch das Programm einer rationalen Nachkonstruktion (logical explanation) der Wissenschaftssprachen, wie es für die *Carnap-Schule* leitend ist, oder viele aus lebensweltlichen Situationsbeschreibungen entwickelte *phänomenologische* und *sprachanalytische* Untersuchungen sind von ähnlichen Erwartungen und Hoffnungen getragen.

Erfahrungen mit diesen Hoffnungen lassen es mir geraten erscheinen, auf eine Illusion aufmerksam zu machen, eine Illusion, die in viele Bemühungen der eben genannten Art gleichsam eingearbeitet ist, eine Illusion auch, welche, wenn sie jeweils ertappt wird, vieles an solchen systematischen Wissenschaftsrekonstruktionen als unzureichend, ja als Irrweg erscheinen läßt. Es ist nicht einfach, den Irrtum, der hier möglich ist, gewahr zu werden. Vielleicht ist Wittgenstein überhaupt der erste gewesen, der in unserem, dem wissenschaftlichen, Zeitalter eine unzeitgemäße

1 Der folgende Text ist meinen »Bemerkungen zur Bestimmung des Philosophen«, in: *Archiv für Begriffsgeschichte* XXVI (1985), 214-217, entnommen. Er charakterisiert ein Stück weit die Perspektive, in der eine Reihe von Abhandlungen dieses Bandes geschrieben wurde.

Wahrnehmung dafür entwickelt hat. Danach sollten wir die Frage nach der für die Tätigkeit des Philosophen eigentümlichen Strenge noch einmal aufnehmen. Und ich will das mit wenigen, unzusammenhängenden Sätzen tun; die sich vor allem auf das Verhältnis der Philosophie zu bestimmten Anforderungen an die wissenschaftliche Sprache und Methode beziehen.

Ich möchte dazu kurz das *strenge* dem *exakten* Vorgehen gegenüberstellen, mit einer natürlich künstlichen, auf den Zweck meines Hinweises abstellenden Terminologie:

Es ist zunächst etwas Irreführendes an dem abstrakten Argument, eine Festlegung (Normierung) des Sprachgebrauchs sei notwendig, *um sich zu verständigen:* Ohne daß ein *bestimmtes* Verständigungsproblem im Leben vorliegt, laufen nämlich genaue Festlegungen, Exaktheit der Sprache, gewissermaßen leer. Und die funktionierende Sprache braucht nicht »festgelegt« zu werden.

Normierungen lassen sich nur in einer bestimmten, praktischen Problemsituation rechtfertigen; während die Forderung nach Exaktheit uns zu einer situations- und probleminvarianten Festlegung drängen möchte.

Das Definieren, die Regulierung der Sprache, kann daher etwas ebenso Beliebiges an sich haben wie das axiomatische Postulieren. Exaktheit ist nämlich kein hinreichender Grund, eine Definition gut zu finden.

Auch eine *Differenz* im Wortgebrauch ist nicht unbedingt ein überzeugender Grund, den Wortgebrauch festzulegen. Die Normierung des Wortgebrauchs ist ja nur eine unter anderen Lösungen der mit der Differenz etwa verbundenen Probleme.

Unsere Unterscheidungen und Denkbemühungen, können wir sagen, müssen mit bestimmten Problem- und Orientierungssituationen in unserem (individuellen oder gesellschaftlichen) Leben zusammenhängen, ihnen entstammen. *Hier* gibt es insbesondere *»reale«* (z. B. technische) Probleme – oder Probleme in unserem *Denken* (z. B. wenn jemand meint, Handlungen seien gehirnphysiologisch verursachte Körperbewegungen). – Und nun kommt es darauf an, daß sich unser Reden und Denken nicht von diesen, den ursprünglichen, Problemen entfernt, sich ihnen gegenüber verselbständigt. Dazu ist »Strenge« nötig, die Strenge der philosophischen Arbeit, die unsere Worte und Sätze auf ihre Verwendung in bestimmten, benennbaren Lebenssituationen zurückführt. (Auch eine Problemsituation, in der wir immer und überall sind (sein können), ist eine *besondere* (bestimmte) Problemsituation.)

Es gibt also keine (allgemeine) hermeneutische Theorie, keinen »logischen Aufbau der Handlungswelt«, an den wir uns für das Verständnis unserer Praxis, insbesondere unserer sprachlichen Praxis, »methodisch« halten könnten – nur die Selbstverständlichkeit (gegen die in den Wissenschaften und der Philosophie überall verstoßen wird), daß unsere Überlegungen und ihre Sprache sich nicht von den Problemen entfernen sollten, deretwegen wir sie anstellen (einmal angestellt haben).

Man muß sich die übergroße (unmögliche) Allgemeinheit des Gebrauchs vergegenwärtigen, welche wir den Worten »Methode«, »Rekonstruktion« usf. geben müßten, wenn sie ein Programm des rationalen Weltverständnisses tragen sollen. Die Sprache verstehen – die ganze praktische Situation verstehen: das sind ähnliche (ähnlich problematische) Aufgaben.

Was ist hier die Bestimmung des Philosophen? – Die Philosophie führt uns zur strengen Bewältigung unseres Lebens zurück, wo wir (die Individuen oder das Zeitalter) von ihr abgekommen sind.

Die Fortsetzung (Entwicklung) unserer Tätigkeiten müssen wir dann ohne eine konstruktive Anleitung der Philosophie leisten. Denn was hier das Richtige ist, ist den Problemsituationen des Lebens selbst zu entnehmen, *in ihnen,* nicht allgemein in der Philosophie auszuarbeiten.

I. Moralität und Vernunft

Universalität als Lebensform

Zu den (unlösbaren) Schwierigkeiten, das gute und vernünftige Leben über formale Kriterien zu bestimmen

Können wir hoffen, unser (Vor-)Verständnis von Moralität über Formen der Allgemeinheit sprachlicher und argumentativer Handlungen zu präzisieren? – Ich denke: nein und möchte dies durch meine folgenden Unterscheidungen und Überlegungen begründen.

Zunächst können wir eine sprachlich formulierte Handlungsorientierung, z. B. eine Aufforderung, *generell* nennen genau dann, wenn sie keine Eigennamen enthält. Generelle Orientierungen in diesem Sinne sind also generell *formulierte* Orientierungen. – Generalität in diesem Sinne berührt die *für die Ethik* wesentliche Allgemeinheit nicht. Schließlich werden etwa die Hautfarben der Menschen mit Prädikatoren artikuliert; also lassen sich rassenbezogene Normen problemlos generell formulieren.

Von den generellen Orientierungen müssen solche Orientierungen unterschieden werden, die *›an alle‹ gerichtet* sind, an alle diejenigen sinnvollerweise, welche in dem jeweils betrachteten Handlungszusammenhang stehen. Ich möchte solche Orientierungen *allgemein* nennen: allgemeine Orientierungen sind dann also allgemein *adressierte* Orientierungen. Diese Unterscheidung betrifft auch den Fall, daß die Adressaten z. B. einer Aufforderung nicht bereits mit der Aufforderung selbst genannt werden.

Richard Hare versteht, wenn ich recht sehe, universelle Aufforderungen stellenweise als generelle und allgemeine Aufforderungen im genannten Sinne.[1] Gleichwohl ist auch mit dem gerade angegebenen Allgemeinheitsbegriff noch kein Anschluß an eine *moralisch* relevante Allgemeinheit von Handlungsorientierungen gewonnen. Auch jederlei schlimme Aufforderungen lassen sich schließlich an alle (unter Einschluß des Aufforderungsautors)

1 Nahe liegt ein solches Verständnis bei Hare insbesondere dort, wo er eine Parallelität des Universalitätsanspruches deskriptiver und moralischer Urteile behauptet; vgl. etwa R. M. Hare: *Freiheit und Vernunft* (Düsseldorf 1973), 54 f.

richten, und im übrigen kann das ›an alle!‹ bei bedingten Aufforderungen, und das ist der wesentliche Fall, für manche Adressaten leerlaufen, weil sie vorhersehbar nicht in die Situation kommen können, welche in der Bedingung der Aufforderung beschrieben wird.

Da eine Orientierung (Aufforderung), welche sich *an alle richtet*, nicht notwendig *von allen befolgt* wird, bedarf der Fall der allgemeinen Befolgung einer Aufforderung einer besonderen terminologischen Auszeichnung. Ich möchte für die Zwecke unserer Erörterung hier das Wort *›allgemeingültig‹* vorschlagen. – Weil die Allgemeinheit einer Norm nicht sicherstellt, daß diese Norm bereits moralisch gerechtfertigt ist, besteht a fortiori kein unmittelbarer Zusammenhang zwischen der Allgemeingültigkeit einer (allgemeinen) Orientierung und ihrer Moralität. Auch Kants Rede von »allgemeinen Gesetzen« in der bekannten Formulierung des kategorischen Imperativs kann also sinnvoll nicht allein in diese Richtung weisen.

Über die Allgemeingültigkeit von Aufforderungen läßt sich am klarsten ein Anschluß an jene Rede von ›universalisierbar‹ herstellen, wie sie sich im Anschluß an die Vorschläge von Richard Hare eingebürgert hat[2]: So nämlich, daß wir den Ausdruck »die Person P *universalisiert* eine (allgemeine) Aufforderung a« als »P fingiert, daß a allgemeingültig ist« verstehen. Wer sich *vorstellen* kann, was es heißt, daß eine (allgemeine) Aufforderung allgemeingültig ist, kann dann unter Umständen auch prüfen, ob die so vorgestellte Situation für ihn erstrebenswert ist. Ich möchte, Hares Sprachgebrauch hier folgend, vorschlagen, eine Aufforderung, für die diese Prüfung positiv ausfällt, *universalisierbar für die Person P* zu nennen. – Wir sehen dann zweierlei: 1. Was für den einen universalisierbar ist, muß es nicht auch für den anderen sein. 2. Wenn eine Orientierung für jemanden *universalisierbar* ist, so wird sie dadurch nicht zu einer *allgemeingültigen* Orientie-

2 Vgl. zu Hares Universalisierbarkeit und Universalisierbarkeitsprinzip seine Ausführungen in: *Freiheit und Vernunft*, a.a.O. 109 ff.; ferner: R. M. Hare: »Wissenschaft und praktische Philosophie«, in: *9. Deutscher Kongreß für Philosophie (Düsseldorf 1969). Philosophie und Wissenschaft*, hg. von L. Landgrebe (Meisenheim a. Glan 1972), 79-88, insbes. 84 ff. Den Kern dieses Verständnisses moralischer Argumentation enthält bereits Hares englisch zuerst 1952 erschienene Untersuchung: *Die Sprache der Moral* ([deutsch] Frankfurt 1972).

rung; ja das Befolgen einer für P universalisierbaren Aufforderung durch P mag nicht einmal für P ein sinnvoller Schritt in Richtung auf die Allgemeingültigkeit dieser Aufforderung sein. Auch für denjenigen, der unberührten Rasen erstrebenswert findet, mag es sinnvoll sein, einen Rasen zu betreten, wenn ihn bereits fast alle betreten und er deswegen zertreten ist. – Hares moralische Person muß hier allerdings konsequent sein, d. h. ganz unabhängig von den Chancen, Allgemeingültigkeit herbeizuführen, universalisierbare Handlungsregeln befolgen. Moralität wird damit zur konsequenten Befolgung universalisierbarer Orientierungen. Hares Rassenfanatiker etwa ist von solcher Konsequenz; und Hare sieht mit Recht, daß es keine Möglichkeit gibt, ihn aus Gründen der nach Hare verstandenen *Moral* zu kritisieren. Hare bleibt hier nur der Hinweis, daß Rassenfanatismus nicht dem englischen way of life entspricht.[3]

Näher an ein Konzept universalistischer Moral, wie es die gegenwärtige Diskussion beherrscht, gelangen wir, wenn wir Hares Vorschläge wie folgt wesentlich verändern: Wir beziehen dazu die Rede von universalisierbaren Orientierungen nicht mehr auf die *Fiktion* ihrer Allgemeingültigkeit, sondern auf die *Unterstellung* ihrer allgemeinen Zustimmungsfähigkeit. Das soll heißen: Wer eine Aufforderung a als *universalisierbar* ausgibt, unterstellt, daß a *allgemein akzeptabel* ist, genauer: daß ein *Konsens* über die allgemeine Befolgung von a *herstellbar* ist.

Um nun allerdings nicht in zweierlei Sinn von ›universalisierbar‹ reden zu müssen, möchte ich im Falle des zweiten, nicht Hare folgenden, Vorschlages das Wort ›universalisierbar‹ durch ›universal‹ ersetzen. Universalität ist also ein *geltungs*bezogener Begriff. – Während es für Hares Universalisierungskonzept wesentlich ist, daß die betrachteten Aufforderungen allgemein sind (sie könnten sonst nicht als allgemeingültig fingiert werden), ist diese Einschränkung für universale Orientierungen nicht mehr notwendig: Schließlich können es alle für gut befinden, daß eine Norm, die sich lediglich an einige von allen richtet, von ihren Adressaten (den einigen) befolgt wird.

Mit der Rede von universalen Orientierungen, und erst hier, wird die Frage wichtig, wie wir das dazu herangezogene Zustimmungshandeln zu verstehen haben. Wie die Worte ›allgemein‹

3 Vgl. *Freiheit und Vernunft* II 9: »Toleranz und Fanatismus«.

und ›universal‹ weist nämlich auch die Rede von ›Zustimmung‹ und ›Konsens‹, verstanden als Zustimmung aller Beteiligten und Betroffenen, in allerlei Richtungen. Zustimmung kann sich dem Grundsatz »Und bist du nicht willig, so brauche ich Gewalt« verdanken – oder, wie wir sagen, frei gegeben sein. Zustimmung kann, statt aus *Einsicht*, unüberlegt oder durch *Überredung* geschehen.

Offenbar stimmen wir ja jederzeit *vor bestimmten Überlegungen* allerlei Aufforderungen zu, die wir, *wenn wir richtig nachgedacht haben*, nicht mehr für befolgenswert erachten. Zustimmung im Sinne einer bloßen *Feststellung* des *faktischen Wollens* muß also von einer durch *Argumentationen* und daher im besten Falle *rational* gewonnenen Zustimmung noch unterschieden werden. – *Faktische* allgemeine Zustimmung ist daher nach unserem Vorverständnis von Moralität keine Basis für das Begreifen moralischer Universalität. Das tritt besonders auch in dem Fall hervor, wo jeder die faktische Zustimmungsfähigkeit dessen, was er eigentlich will, nicht als möglich erachtet, und daher alle, ängstlich, das tun, was sie alle gerade nicht wollen.

Eine lediglich auf den faktischen Oberflächenkonsens gegründete Universalität möchte ich *empirische Universalität* nennen. Von der unmittelbar erhobenen empirischen Universalität läßt sich eine *aufgeklärtere* Form empirisch fundierter Geltung unterscheiden, wie sie Schwemmers so genanntes Moralprinzip und wohl auch die auf Zwecke bezogenen Rationalitätsnormen der Kritischen Rationalisten in Anspruch nehmen. Schwemmer, der das hier Wesentliche auf einen klaren Begriff gebracht hat[4], geht es um ein Argumentationsverfahren, mit dem konfligierende Zwecksetzungen durch Rückgriff auf übergeordnete Absichten (»Oberzwecke«) der Betroffenen aufgehoben werden sollen. Die Relation zwischen Oberzwecken und (ihren) Unterzwecken ist dabei so definiert, daß die als Unterzwecke angestrebten Situationen vom Handelnden als ein Schritt auf dem Wege zu der den Oberzweck festlegenden Situation verstanden wird. (Tatsächlich legt Schwemmer häufig eine stärker *kausalistische* Fassung der

4 Vgl. O. Schwemmer: *Philosophie der Praxis* (Frankfurt 1971), Kap. 4; ders.: »Grundlagen einer normativen Ethik«, in: F. Kambartel/J. Mittelstraß (Hg.): *Zum normativen Fundament der Wissenschaft* (Frankfurt 1973), 159-178; ferner: P. Lorenzen/O. Schwemmer: *Konstruktive Logik, Ethik und Wissenschaftstheorie* (Mannheim ²1975), 165 ff.

Ordnung unserer Zwecke nahe; wenn er nämlich Zwecke als *Wirkungen* des Handelns versteht.)
Wenn jemand Zwecke nur als Unterzwecke zu bestimmten Oberzwecken verfolgt, so ist ihm offenbar zuzumuten, sie im Falle einer Kollision mit den Zwecken anderer durch äquivalente (für das Erreichen desselben Oberzweckes gleich oder besser geeignete) Unterzwecke zu ersetzen, und zwar durch solche äquivalente Unterzwecke, die mit den sonst verfolgten Zwecken *nicht* mehr konfligieren. Auch sollte man ihn dann von einem Unterzweck abbringen können, bei dem der unterstellte pragmatische Zusammenhang zu den eigenen intendierten Oberzwecken eine Illusion oder ein Irrtum ist. Damit wird in der Tat, gegen einen etwa empirisch bestehenden Oberflächendissens, die Unterstellung methodisch möglich, daß ein Zweck *nach* (›moralischer‹) Argumentation zu *modifizieren* sei. Unterstellte Aufklärung über das eigentlich Gewollte (und Mögliche) kann so für ein Verständnis von Konsens beansprucht werden, das über die schlichte Aufzeichnung expliziter oder impliziter (im Handeln eingeschlossener) Zustimmung hinausgeht. Daß eine Aufforderung als allgemein zustimmungsfähig in *zweckrational aufgeklärten* Beratungen gilt, möchte ich kurz mit dem Ausdruck *›zweckrational universal‹* kennzeichnen.
Auch zweckrationale Universalität kommt allerdings als Rekonstruktion *moralischer Rechtfertigung* nicht in Frage. Schwemmers Moralprinzip ist nur auf solche Konfliktsituationen anwendbar, die ohne wesentliche Abstriche an den jeweils faktisch für unaufgebbar ausgegebenen letzten Lebenszielen, kurz: *ohne Opfer*, gemessen am faktischen Selbstverständnis der Betroffenen, bewältigt werden können. Bereits Verteilungsnormen unter Knappheitsbedingungen lassen sich so, wie Schwemmer selbst bestätigt[5], nicht mehr verstehen und moralisch rechtfertigen; insbesondere dann nicht, wenn alle dasselbe *in einem bestimmten Maße* wollen, dieses Maß einschlägiger Güter jedoch nicht *für alle* verfügbar ist.
Zu beachten ist ein weiteres: Mit einem zweckrational verstandenen Moralprinzip läßt sich gerade die, auch für die gegenwärtige

5 Vgl. Schwemmers briefliche Erwiderung auf meine Einwände in dem von mir herausgegebenen Band: *Praktische Philosophie und konstruktive Wissenschaftstheorie* (Frankfurt 1974), 228 f.

Entwicklung der industriellen Zivilisation zentrale, Frage nicht mehr *ethisch* diskutieren, ob wir und wie gegebenenfalls wir unser Leben im Ganzen überhaupt als einen lediglich zweckrationalen Zusammenhang begreifen sollen. Auch bleibt die damit zusammenhängende Frage offen, wo unsere zweckrationalen Argumentationen enden, und zwar nicht beliebig enden oder aufruhen sollen. Die Frage, wie wir unser Leben im Ganzen verstehen sollen, kurz: die Frage nach dem *Sinn unseres Lebens,* ist aber, so denke ich, als Thema der Ethik unverzichtbar. Die Ethik muß, denke ich, etwa in der Lage sein, den aus moralischen Gründen gewählten oder in Kauf genommenen Tod als Handlung nicht nur des Selbstgenusses zu verstehen.

Moralität, über den Konsensbegriff universalistisch verstanden, verweist daher über die zweckrational verstandene Universalität hinaus auf weitere Unterscheidungen, die mit dem Gewinnen einer Übereinstimmung, mit ihrem Sitz in den Handlungs- und Redeverhältnissen und damit im Leben der an ihr Beteiligten zusammenhängen. Mit der sokratischen Tradition der philosophischen Ethik gesprochen: Es kommt auf den Unterschied zwischen dem bloßen (eben dem faktischen) *Meinen* und *Reden* der Menschen über das, was sie selbst und andere begehren (wünschen), und einer *einsichtig* gewonnenen, eben gerechtfertigten Orientierung des je eigenen und gemeinsamen Lebens an.

Läuft das Einbringen dieser klassischen Unterscheidung nun aber nicht auf eine Bevormundung durch diejenigen hinaus, die ein besonderes Wissen von den wahren Bedürfnissen jedes Einzelnen beanspruchen, oder gar auf eine Erziehungsdiktatur, sofern sich ein solcher Anspruch mit politischer Macht auch noch praktisch durchsetzen läßt? – Die Alternative solcher Fragen, das Entweder-Oder eines esoterischen Wissens vom richtigen Leben auf der einen und den faktischen Wünschen und Neigungen der Menschen auf der anderen Seite, ist falsch konstruiert. Sie (diese Alternative) läßt den Sinn verschwinden, welcher es möglich macht, die Rede von den wahren Bedürfnissen der Menschen gerade *gegen* jede Besserwisserei nach Art der Verhältnisse im Platonischen Staat zu richten. Bedenken wir diesen uns durchaus vertrauten freiheitlichen Sinn, so befriedigt ein Mensch seine wahren Bedürfnisse dann, wenn er sich in seinem Handeln *selbst* und nicht lediglich die offenen oder verdeckten Aufforderungen anderer verwirklicht:

Seinen wahren Bedürfnissen gemäß lebt der Mensch in der Selbstverwirklichung.
Mit nur anderen Worten: *Das wahrhaft gute Leben ist die Selbstverwirklichung.*

Ist mit dem Wort ›Selbstverwirklichung‹ oder der Kennzeichnung dessen, worum es geht, als das ›gute Leben‹ nicht nur eine neue *Redeweise* für unser altes Problem und keine Lösung beigebracht?[6] – Schließlich müssen wir dem ›selbst‹ und der Qualität des Lebens, die es zu verwirklichen gilt, einen (konkreten) Inhalt geben, wenn es nicht bei einem leeren (›abstrakten‹) Appell bleiben soll. Wie gelangen wir nun aber zu ›wahren‹ *konkreten* Orientierungen über uns selbst? – Nach unserem bisherigen Verständnis jedenfalls nicht so, daß wir die Oberfläche unserer faktischen (subjektiven) Interessen und Wünsche schlicht zusammen- oder feststellen:

Selbstverwirklichung ist nicht das ungehemmte Verfolgen unserer faktischen Lebensorientierungen.

Diese Einsicht sollte nun andererseits nicht zu der Illusion verleiten, es gebe eine ›objektive‹ Selbsterkenntnis des Menschen, mit z. B. ›Werten‹ genannten ›Gegenständen‹, eine Erkenntnis, welche die Menschen dann wie im Falle einer komplizierten Technik in wenige Wissende und viele Unwissende scheidet und den Wissenden das Recht gibt, den Unwissenden ihr Handeln vorzuschreiben:

Selbstverwirklichung ist nicht die Anwendung eines esoterischen Wissens über die wahre Bestimmung eines (oder aller) Menschen.

Die gerade hervorgehobenen Einsichten beenden Irrwege, auf die wir durch die Vorstellung gelangen, ein Leben der Selbstverwirklichung müsse individuell oder allgemein durch einen wohlbestimmten ›Inhalt‹ definiert sein. Nicht bestimmte (›materiale‹) Lebensziele jedoch machen, so wird sich ergeben, das gute Leben aus, sondern die Art und Weise, wie (die ›Form‹, in der) das Leben im ganzen seine Inhalte gewinnt:

Selbstverwirklichung ist eine Form menschlichen Lebens.

6 Die Inflation der problematischen therapeutischen Verwendung des Ausdrucks ›Selbstverwirklichung‹ läßt es mir inzwischen (bei der Redaktion dieses Bandes) geraten erscheinen, in unserem Kontext statt dessen von (moralischer) ›Selbstbestimmung‹ zu sprechen.

Unser *Leben* ist dabei als der gesamte Zusammenhang unserer Handlungen und Tätigkeiten zu verstehen. Die Rede von Selbstverwirklichung stellt nicht auf bestimmte Teile dieses Zusammenhanges ab, sondern auf die Weise, wie wir zu unseren Handlungen *im Ganzen* gelangen. Wir kennen verschiedene Arten der Orientierung unseres Handelns:

Häufig kommen wir etwa Aufforderungen nach. Diese können die *explizite* Form z. B. von Bitten oder Befehlen haben. Oder sie werden etwa als implizite Situationsverständnisse wirksam; d. h. der Handelnde unterstellt, daß er, unausgesprochen, zu einem bestimmten Tun aufgefordert ist und mit Folgen zu rechnen hat, entsprechend seiner Erfüllung der unterstellten Erwartungen. – Aufforderungen können sich sowohl auf *Einzelhandlungen* (»komm her!«) als, zumal im impliziten Fall, auf *Handlungsregeln* beziehen, d. h. vorschreiben, in bestimmten Situationen bestimmte Handlungen zu tun oder zu unterlassen (»in öffentlich genutzten Räumen nicht rauchen!«). Schließlich gibt es Aufforderungen, die das Handeln nicht unmittelbar regulieren, sondern lediglich *Ziele* setzen, d. h. Situationen angeben, die handelnd herbeigeführt oder bewahrt werden sollen. In diesem Falle bleibt in der Regel noch auszumachen, welche Handlungen geeignete Schritte in der geforderten Richtung sind.

Aufforderungen haben *Adressaten,* d. h. sie richten sich an Individuen, Gruppen oder schlicht, als ›allgemeine‹ Aufforderungen, ›an alle‹, die in dem zugehörigen Handlungszusammenhang stehen. Explizite und implizite Aufforderungen können sich von bestimmten personalen Urhebern ablösen und uns, etwa in der Form von Rechtsnormen und Gewohnheiten, *›objektiviert‹* entgegentreten.

Wer sein Leben so führt, daß er in ihm *lediglich* fremden, insbesondere objektivierten, Aufforderungen und Erwartungen nachkommt, *verfehlt,* so dürfen wir wohl sagen, *sich selbst.* Nun dürfte dieser Fall, wenigstens für ein Leben im Ganzen und bei oberflächlicher Betrachtung, kaum vorkommen. Im Regelfall erfüllen wir ja Aufforderungen und Erwartungen, gerade auch, wenn sie uneinsichtig sind, nicht um ihrer selbst, sondern um *unserer* selbst willen. So etwa, wenn wir uns davon das Vermeiden negativer Sanktionen oder das Herbeiführen positiver Folgen erwarten. Wir verstehen dann unser Handeln und mit diesem unser aktuelles Leben als *Mittel* zum Zweck eines anderen Handelns und Lebens, in dem erst wir recht eigentlich bei uns selbst sind. Zugleich kann es sein, daß unser so ›zweckrational‹ deutbares Handeln für andere, etwa die Urheber der zugehörigen Aufforderungen, Mittel zum Zweck, gegebenenfalls zu ihren (der Urheber) Zwecken ist.

Bei alledem ist (allerdings) Vorsicht geboten: Zweckrationales Handeln ist ja, wie schon Aristoteles deutlich gemacht hat, nur dann sinnvoll, wenn es in nicht zweckrationales Handeln übergeht, also z. B. weder in einen teleologischen Zirkel oder einen unabgeschlossenen Regreß führt noch lediglich auf Illusionen über die Folgen und Möglichkeiten des eigenen Handelns beruht. Ein teleologischer Zirkel liegt etwa dort vor, wo jemand seine Arbeitstätigkeiten als bloßes Mittel der Lebensfristung und diese als Mittel, arbeitsfähig zu bleiben, begreift oder, was eher Realität sein mag, allenfalls anderslautende Illusionen hegt. Sinnvolles zweckrationales Handeln muß daher letztendlich zu Situationen und Tätigkeiten führen, die ›um ihrer selbst willen‹ eingegangen werden. Die damit getroffene, uns exemplarisch ja auch jederzeit zugängliche Unterscheidung darf selbstverständlich nicht so mißdeutet werden, daß die menschlichen Handlungen individuell oder allgemein in selbstzweckartige und bloß zweckrationale zerfallen müssen. Offenbar lassen sich die meisten unserer Tätigkeiten bei geeignetem Verständnis und geeigneter Organisation sowohl um ihrer selbst willen als auch zu einem (sonstigen) Zwecke ausführen. Gastmähler oder kreativmußevolle Produktionen nützlicher Gegenstände sind uns vertraute Beispiele. Insofern der Mensch, als bedürftiges Wesen vielerlei Art, auf *Arbeit* als zweckrationale Produktion angewiesen ist, bleibt ihm, wenn das gute Leben nicht nur am Rande seines Lebens stattfinden soll, sogar keine Wahl; keine andere Wahl nämlich als diejenige, seine Arbeit zugleich so zu begreifen und zu gestalten, daß sie als ein Tun um seiner selbst willen möglich wird.

Selbstverwirklichung heißt nun, so möchte ich danach, in mäeutischer und nicht nominalistischer Absicht, vorschlagen, das eigene Leben aus eigenem (nämlich selbst einsichtig gefaßten) Entschluß um seiner selbst willen führen zu können, sich selbst als eigenen, mit Kants Worten, »Zweck an sich selbst« begreifen zu können. Wenn wir beachten, daß unser Leben der Gesamtzusammenhang unserer Handlungen (und selbstverständlich ihrer Bedingungen und darin dessen, was uns auch lediglich widerfährt) ist, so können wir zusammenfassend sagen:

Wir verwirklichen uns in denjenigen unserer Handlungen, die wir aus ›eigenem‹, nämlich auf unser Leben einsichtig bezogenem Entschluß, um ihrer selbst willen tun.

Abgeleitet können wir dann wohl auch dort von Selbstverwirklichung sprechen, wo jemand Weisheit *widerfährt,* d. h. ein Leben auch ohne explizite argumentative Einsicht als gutes Leben geführt wird, d. h. für unser Verständnis so geführt wird, als sei es einsichtig um seiner selbst willen gewählt worden.

Daß wir uns selbst in einsichtiger Weise Zweck sind, drücken wir mit Kant und der Tradition, der er folgt, auch so aus: Wir führen unser Leben als *Personen.*

Wer sein Leben als Selbstverwirklichung, personal und nicht lediglich zweckrational also, begreift und damit zu sich selbst kommen will, erkennt zugleich, daß er dazu des Beistandes derjenigen bedarf, die in derselben Lage sind. Selbstverfehlung nimmt etwa die Formen bloßer Regelbefolgung und leerlaufender Zweckrationalität an. Solche Lebensverhältnisse, wie die damit verbundenen Illusionen, sind vom Handlungs*zusammenhang* der Individuen abhängig. Daher läßt sich ihre Aufhebung nicht *einsam* zustande bringen. Insbesondere aus dem Sumpf der Selbsttäuschung und der daraus resultierenden Selbstverfehlung kann man sich nicht am eigenen Schopfe ziehen. Wie wir jederzeit erfahren können, sind auch die Bedingungen und der materiale Inhalt des guten Lebens nicht je individuell gewinnbar. Die wesentlichen Selbstzwecke bestehen in gemeinschaftlichen Tätigkeiten und bedürfen für ihre Erreichung der produktiven Mitwirkung anderer. Dies alles bedeutet, daß das gute Leben nur als ein gemeinsam verfolgtes Lebensziel aller derjenigen, die in einem Handlungszusammenhang stehen, möglich wird. Insofern dieser Handlungszusammenhang inzwischen die ganze Menschheit umfaßt, ist *das gute Leben ein Menschheitsprojekt* geworden. Sich selbst als Person angemessen begreifen und verwirklichen zu wollen, heißt daher, sein Leben im Ganzen auf die gegenseitige praktische Anerkennung *aller* als Personen hin zu orientieren.

Um in einem wesentlichen, praktischen Sinne zu uns selbst zu gelangen, müssen wir also unsere (individuelle) Subjektivität und Selbstbefangenheit überwinden. Ich möchte diese Einsicht das *vernünftige Begreifen* des guten Lebens und ein Leben aus dieser Einsicht *vernünftiges Leben* nennen. Das bedeutet dann:

Im vernünftigen Leben begreifen wir unsere Verwirklichung als gemeinsamen Selbstzweck unseres Handelns. Kurz: *Das vernünftige Leben ist das gemeinsame gute Leben. Im vernünftigen Leben erkennen sich die Beteiligten gegenseitig praktisch als Personen an.*

Die mit dem vernünftigen Leben (kurz: der Vernunft) intendierte Allgemeinheit möchte ich, entsprechend dem bekannten Vorschlag von Mittelstraß und Lorenzen, *Transsubjektivität* nennen. Eine *transsubjektive* Handlungsorientierung ist demnach eine solche, die sich als Teil des vernünftigen Lebens oder, allgemeiner, wenigstens als Schritt auf dem Wege zum vernünftigen Leben verstehen läßt.

Ich sehe keine andere Möglichkeit, als diesen Sinn von Transsubjektivität als das für eine universalistische Moral Wesentliche zu begreifen und die von mir zu Beginn erörterten formalistischen Vorschläge zum Verständnis universalistischer Moral allenfalls als hilfreiche Irrtümer weiter zu betrachten.

Am Ende hätte ich auch schlicht Kant zitieren können. Und ich will es denn, weil die wesentlichen praktischen Einsichten gar nicht oft genug gut gesagt werden können, auch noch tun; und zwar aus der *Grundlegung zur Metaphysik der Sitten.* Dort heißt es B 64 ff. zunächst: »Nun sage ich: der Mensch, und überhaupt jedes vernünftige Wesen, *existiert* als Zweck an sich selbst, *nicht bloß als Mittel* zum beliebigen Gebrauche für diesen oder jenen Willen, sondern muß in allen seinen, sowohl auf sich selbst, als auch auf andere vernünftige Wesen gerichteten Handlungen jederzeit *zugleich als Zweck* betrachtet werden.« Daran schließt Kant ein Personalitätsverständnis, das dem von mir vorgeschlagenen Begriff genau entspricht: »[...] dagegen vernünftige Wesen *Personen* genannt werden, weil ihre Natur sie schon als Zwecke an sich selbst, d. i. als etwas, das nicht bloß als Mittel gebraucht werden darf, auszeichnet, mithin so fern alle Willkür einschränkt [...].« – Kants Moralprinzip intendiert nun Verhältnisse, in denen nicht nur jeder für sich (Kant: »subjektiv«) sich als Person zu verwirklichen trachtet, sondern dies auch allen sonst dazu Befähigten (Kant: »vernünftigen Wesen«) zugesteht, d. h. auf eine gemeinsam mögliche, personal orientierte Praxis abstellt: »Der praktische Imperativ wird also folgender sein: *Handle so, daß du die Menschheit sowohl in deiner Person, als in der Person eines jeden andern, jederzeit zugleich als Zweck, niemals bloß als Mittel brauchest.«*

Die Fallbewegungen *eines* Steines konstituieren nicht die Newtonsche Mechanik. Wir sprechen hier von *Gesetzen* und beziehen uns damit auf *alle* Körperbewegungen. So ist es, und *das* soll der schwierige Kantische Vergleich besagen, auch mit dem vernünftigen Leben. Es ist nämlich individuell gar nicht möglich.

Sagt die *Ethik*, was im einzelnen zu tun ist? Ich denke: nein! – Moralische Universalität ist kein, und schon gar kein im engeren Sinne formales, *Kriterium*. Die Ethik betrifft die *praktische Form*, nicht den Inhalt dessen, was ich das *vernünftige Leben* genannt habe. Das vernünftige Leben nun betrifft *alle* unsere *Orientierungen* und damit auch *alle* unsere *Zwecke*. Es ist selbst daher kein im Leben verfügbarer Zweck und schon gar nicht ein allgemein akzeptierter oberster Zweck, auf den hin die Verfolgung anderer Zwecke zweckrational geordnet ist.

Wie erfahren wir dann aber, was zu tun ist? – Indem wir, nach unseren Möglichkeiten und Gegebenheiten, illusionslos also insbesondere, in das vernünftige Leben *eintreten*. Das zu tun, fordert der einzige von jeder historischen und biographischen Gegebenheit des Lebens und jedem einzelnen Zwecke unabhängige, der *kategorische* Imperativ. Die ›Anwendung‹ der Vernunft, wenn wir mißverständlich so reden wollen, *muß für sich selber sorgen. Daß* sie allerdings angewendet wird, daß es also im vernünftigen Leben das Theorie-Praxis-Problem nicht gibt, gehört bereits zum *Begriff* der praktischen Vernunft als eines Prinzips *praktisch verbindlicher* Einsicht.

Was lehrt die Ethik? – Sie führt uns zum vernünftigen Leben hin oder lenkt uns da, wo wir uns mißverstehen, wieder darauf zurück. *Damit,* d. h. wenn wir dann *so handeln*, hat sie ihre Aufgabe erfüllt. Nur insofern wir uns immer wieder *anders* selbst verfehlen, *begleitet* uns die Ethik, um in immer anderen Situationen und daher mit immer anderen Worten dasselbe zu sagen.

Vernunft: Kriterium oder Kultur?

Zur Definierbarkeit des Vernünftigen

Grenzlinien zwischen dem Vernünftigen und dem Unvernünftigen, dem Rationalen und dem Irrationalen, zu ziehen, ist eine beliebte Tätigkeit der Philosophen. Manche von uns sind oder waren tief in solche Bemühungen verwickelt. Und auch in philosophiehistorischer Perspektive führt uns eine Untersuchung darüber, was »Rationalität« oder »Vernunft« zu nennen wäre, in überaus vertraute Gefilde. (Wenn das Irrationale in den Geruch des Schlimmen gerät, müßten wir im Normalfall im übrigen zwischen dem Rationalen, dem Nicht-Rationalen und dem Irrationalen unterscheiden.)

Manchmal mögen wir gar den Eindruck haben, die philosophischen Schulen oder Bewegungen unterschieden sich voneinander letztlich eben durch ihre Rationalitätsbegriffe. Und ist dies denn nicht auch die *konstitutive* Aufgabe oder gar Sendung der Philosophie: die Idee der Vernunft zu klären und zu fördern? In praktischer Absicht führt uns diese Perspektive insbesondere auf Kontroversen, in denen technische oder selbstinteressebezogene Definitionen der Rationalität moralischen Vernunftbegriffen, im Sinne eines nicht lediglich »zweckrationalen« Moralitätsverständnisses, gegenüberstehen: »Verstand« versus »Vernunft«, wie es die klassische deutsche Philosophensprache häufig ausgedrückt hat.

Ich habe nun nicht die Absicht, im folgenden subtil mit den Worten »Vernunft« oder »Rationalität« umzugehen. Es wird sich im weiteren Verlauf zeigen müssen, daß dies für unsere gegenwärtige Untersuchung ganz überflüssig ist; deswegen vor allem, weil ich mich auf weitere Abgrenzungsbemühungen (für »richtige« Vernunftverständnisse) im Augenblick nicht einlassen werde. Weder möchte ich neue Definitionen der Rationalität konstruieren, vorschlagen und rechtfertigen; noch liegt mir daran, alte »Präzisierungen« direkt anzugreifen oder zu modifizieren. Vielmehr geht es mir in den folgenden Überlegungen wesentlich um die *Form,* welche die (philosophischen und wissenschaftlichen) Dispute um den Vernunftbegriff in vielen (wohl den meisten) Fällen annehmen. Mein Gegenstand ist dabei vornehmlich die *praktische* Vernunft; ohne daß ich diese Einschränkung meiner Absicht im weiteren noch stets hervorheben werde. Vieles von dem, was ich sagen werde, gilt allerdings auch für den theoretischen Gebrauch der Vernunft, der im übrigen in den praktischen Gebrauch eingebettet ist.

Normalerweise benutzen wir das Wort »rational« zum Ausdruck einer Bewertung. Wir kennzeichnen etwa Argumente, unser Verhalten oder eine Person als rational, sagen, daß sie Vernunft zeigen usf. Da wir offenbar die Rationalität in diesen Fällen nicht schlicht »wahrnehmen« können, liegt die Vorstellung nahe, es werde hier eine Art von *Maßstab* oder Standard angewendet, ein Maßstab, der eingebettet ist in die *Grammatik* der Worte »rational« und »Vernunft«. So nehmen dann die philosophischen Kontroversen über den Begriff der Rationalität scheinbar zwangsläufig die Form eines Streites über den *richtigen Maßstab* des Vernünftigen an. Wenn wir dann überdies auf das *eine Wort* »rational« mit seinem ungeheuer ausgedehnten Gebrauch sehen, so erscheint es uns selbstverständlich, daß wir auch nach *einem, allgemeinen* (nämlich diesen ganzen Gebrauch durchziehenden) Maß oder Prinzip der Vernunft zu suchen haben, einem Prinzip also, das letztlich allen einschlägigen Urteilen zugrunde liegt. Würden sich nämlich die in der Philosophie, aber auch in anderen Disziplinen, z. B. der Ökonomie und der Entscheidungstheorie, konfligierenden Vernunftbegriffe auf *verschiedene* Situationstypen und Absichten beziehen, dann ginge es für die Schlichtung dieser Kontroversen schließlich nur noch darum, sich über die notwendigen grammatischen (begrifflichen) *Einschränkungen* zu einigen.

Normalerweise ist dies jedoch nicht möglich, normalerweise sind wir in diesen Kontroversen mit Prinzipien oder Kriterien der (praktischen) Vernunft oder Rationalität konfrontiert, die *allgemeine* Relevanz beanspruchen und daher gerade nicht verträglich werden können, indem wir sie unterschiedlichen Kontexten zuordnen. Ich möchte dazu zwei vertraute Beispiele kurz vergegenwärtigen. Da ich für unsere Zwecke auf Details nicht eingehen will und muß, sollte ich statt von Beispielen im übrigen wohl besser von Beispielgruppen sprechen.

Ich möchte die Idee eines universellen (d. h. hier allgemein anwendbaren) Beurteilungsmaßstabs, wie sie die beiden Beispiele (Beispielgruppen) dann erläutern, die Vorstellung eines *Vernunft-*

prinzips nennen. Das erste derartige Prinzip, das ich erörtern will, möge, in einer durchaus üblichen Kennzeichnung, das *Prinzip des vernünftigen Selbstinteresses* heißen. Die für dieses Prinzip (für die Prinzipien dieser Gruppe) leitende anthropologische Vorstellung oder, vielleicht besser, Suggestion ist etwa diese:

Unterstellt ist zunächst ein bereits aus der Umgangssprache allgemein zugänglicher Begriff dessen, was es für eine Person heißt, *Interessen* zu haben, Interessen, die wir, als Interessen dieser Person, unter verschiedenen Perspektiven auch gern zusätzlich als *subjektive, individuelle* oder *private* Interessen bezeichnen. Interessen zu haben und ihnen handelnd zu folgen, wird dann zu einem allgemeinen Grundzug der menschlichen Lebenssituation stilisiert. Es läßt sich nun ferner, so scheint es, ohne große Mühe sehen, daß Interessen mit bestimmten Strukturen auftreten, Strukturen, welche stets die gleiche Form haben, wenn sich auch ihr Inhalt von Person zu Person unterscheiden mag.

Zum ersten erscheinen unsere Interessen in dem Sinne voneinander *abhängig*, daß die Verfolgung und Realisierung bestimmter Interessen zu den hinreichenden, oder ja manchmal auch notwendigen, Bedingungen der Befriedigung anderer Interessen gehört. – Daneben gibt es *Präferenz*verhältnisse zwischen Interessen, Verhältnisse, die etwa auf dem Boden der gerade erwähnten Abhängigkeiten verstehbar sind, sich häufig aber eher als unmittelbare Reaktionen oder Haltungen bei Interessenvergleichen darstellen. Abhängigkeits- und Präferenzrelationen, und vielleicht noch andere Relationen, lassen unsere Interessen hierarchisch geordnet erscheinen. Und diese Ordnung unserer Interessen gibt uns schließlich – so scheint es – die Möglichkeit, aus den jeweils verfügbaren Handlungsmöglichkeiten eine *bestmögliche Wahl* zu treffen und in diesem Sinne *rationale Handlungsstrategien* zu gewinnen. Die besondere Form dieses »Kalküls« unserer Interessen und Handlungen, oder, in anderen Versionen, unserer Präferenzen, Nutzeneinschätzungen usf., ist offenbar sehr umstritten, umstritten nicht nur in der Philosophie, sondern auch in der Ökonomie und in den Theorien der rationalen Entscheidung, in denen wir eine ganze Reihe so genannter exakter Modelle für das (begriffliche) Gerüst und die Anwendung eines Prinzips des vernünftigen Selbstinteresses finden.

Sollte nun jemand behaupten (uns darauf hinweisen), das gezeichnete Bild selbstinteressenbezogener vernünftiger Erwägung sei in vielen leicht vorstellbaren Fällen eine angemessene Beschreibung – wer würde dem widersprechen wollen. Vielleicht wäre allerdings einschränkend zu sagen, das Bild suggeriere, wir müßten, für eine vernünftige Orientierung, stets die *Gesamtheit* unserer Interessen überblicken und kalkulieren. Obwohl es Situationen geben mag, in denen uns diese umfassende Form der Interessenabwägung vorschwebt, so ist doch dies andererseits ein eher extremer Fall, ein Fall überdies, für den uns ein detaillierter Kalkül dann häufig kaum vorstellbar ist. Gleichwohl mag das Bild, im besonderen Falle und für bestimmte Zwecke, als eine adäquate Charakterisierung gelten. Schwierigkeiten macht erst sein Gebrauch als (universales) Prinzip, welcher sich dann, als allgemein anwendbares Verständnis, z. B. auch auf *moralische* Diskussionen erstrecken muß. Der moralischen Vernunft darf dann eben nicht erlaubt werden, auf ihren eigenen Füßen zu stehen.

Die ethische Tradition beschreitet insbesondere zwei Wege, wenn es darum geht, das moralische Argumentieren unter das Prinzip des vernünftigen Selbstinteresses zu bringen: Der erste Vorschlag schreibt etwa dem barmherzigen Samariter das (subjektive) Interesse an einer *allgemein* bestehenden Situation gegenseitiger Hilfe zu, in der also auch er (wie *alle* anderen) auf die Hilfe seiner Mitmenschen selbst dort vertrauen kann, wo diesen kein unmittelbarer Lohn zuteil wird. In seinen so genannten »moralischen« Orientierungen kalkuliert also der barmherzige Samariter seine Interessen nur in einer hinreichend breiten Perspektive. Wir könnten dies den Kern der besseren Versionen einer utilitaristischen Betrachtung der Moralität nennen.

Der zweite Weg einer Versöhnung von Selbstinteresse und Moralität führt uns zu Situationsschilderungen wie dieser: Unter unseren wesentlichen oder grundlegenden Interessen gibt es, für einige oder alle von uns, eine besondere Gruppe: die moralischen Interessen, verstanden etwa als die Interessen, bestimmte positive (angenehme, begrüßenswerte) Empfindungen zu erleben, welche das moralische Handeln begleiten. Der barmherzige Samariter genießt also dann die überwältigenden Sympathiegefühle, welche mit Situationen sogenannter »selbstloser« Hilfe einhergehen; und in richtiger, wenn auch für ihn vielleicht unbewußter, Bewertung seiner (privaten) moralischen Interessen mag er sich dann in Si-

tuationen (solcher von ihm) scheinbar interesselos gewährter Hilfe begeben oder wenigstens sich bietende Gelegenheiten ergreifen, wie es der barmherzige Samariter in Lukas 10 tut.
Dies mag, so hoffe ich, genügen, um uns zu vergegenwärtigen, wie Vorstellung und Kalkül des vernünftig verstandenen Selbstinteresses die Stellung eines *Prinzips*, eines *umfassenden Maßstabes der Rationalität* erhalten; wie diese prinzipielle Tendenz philosophischer Rationalitätsbegriffe, in diesem Falle, arbeitet.
Für die gegenwärtige Diskussionssituation illustrativer ist wohl das zweite Vernunftprinzip, dem ich mich jetzt zuwende, das *Prinzip*, wie ich sagen möchte, *des vernünftigen Diskurses.* Wie das Prinzip des vernünftigen Selbstinteresses ist auch das Prinzip des vernünftigen Diskurses ein *formales* Rationalitätsprinzip. Im Falle formaler Vernunftprinzipien beruht die Berechtigung des Vernunftanspruches gleichsam auf dem Weg, der uns zur Rechtfertigung einer Orientierung führt, und nicht auf einer direkten Wertschätzung (Auszeichnung) bestimmter Resultate. »Der Weg«, das kann hier allerdings vieles heißen, z. B. eine bestimmte Weise der Überlegung, die Form der Überlegungssituation, Regeln der rationalen Begründung (Rechtfertigung) oder schließlich Haltungen der an der Überlegung Beteiligten. Während sich das Selbstinteresseprinzip auf Formen eines *individuellen* Interessenkalküls bezieht, liegt dem Diskursprinzip die Vorstellung zugrunde, Vernunftansprüche seien mit Bedingungen und Einstellungen verbunden, welche den Weg zu einer *Übereinstimmung* unserer Urteile bestimmen, zu einem *Konsens*, den wir erreicht haben oder doch nach bestem Wissen und Vorstellen erreichen könnten.
Das bedeutet: Zunächst, in einem ersten Sinne, dienen hier die Worte »rational« und »Vernunft« dazu, eine *Form* (bestimmte Formen) *gemeinsamer Überlegungs- und Beurteilungssituationen* zu bezeichnen. Danach läßt sich in einem zweiten Schritt eine erzielte *Übereinstimmung* als rational charakterisieren genau dann, wenn sie das Ergebnis einer rational geformten Diskussion ist. Schließlich gilt dann drittens eine *Orientierung*, z. B. eine Feststellung oder eine Regel, als »vernünftig« oder »vernünftig begründet« genau dann, wenn wir ihre Geltung überzeugend auf einen rationalen Konsens stellen können.
Das entspricht, wenn ich recht sehe, im großen und ganzen z. B. dem Vorgehen von Habermas, etwa in den *Notizen zu einem*

Begründungsprogramm der *Diskursethik*[1], aber auch meinen eigenen älteren Verständnisvorschlägen, etwa nachzulesen in meiner Abhandlung *Moralisches Argumentieren.*[2]

Es gibt nun eine Vielzahl von Versuchen, ein Diskursprinzip der Vernunft angemessen zu rekonstruieren. Als Bedingungen, die dabei gleichsam unter den Bestandteilen einer solchen Analyse auftreten, lassen sich z. B. nennen:

- die Wahrhaftigkeit der Teilnehmer, daß sie ihre Orientierungen und Argumente ernsthaft und in gegenseitiger Transparenz vertreten;
- die Abwesenheit von (äußeren) Sanktionen (nur der Zwang des besseren Argumentes darf die Zustimmung oder Ablehnung bestimmen);
- die Symmetrie der Positionen in der Diskussionssituation, daß die Regeln oder Rahmenbedingungen keinem Teilnehmer eine privilegierte Stellung geben.

Des weiteren finden wir Bedingungen, welche sichern sollen, daß der rationale Diskurs alle relevanten Interessen (»alle Betroffenen«) berücksichtigt. Solche Bedingungen, etwa die Offenheit und Öffentlichkeit der Argumentationen, sind anscheinend unumgänglich, wenn wir den vernünftigen Diskurs mit einer moralischen Perspektive verbinden und von der internen Rationalität (und auch Solidarität) einer Räuberbande unterscheiden wollen. Offenbar sind ja die faktischen Teilnehmer einer Diskussion im Normalfall nicht identisch mit den von seinem Gegenstande und seinen Ergebnissen *Betroffenen.* Daher ist Gruppenegoismus stets möglich, muß also, so scheint es, für eine korrekte und hinreichend genaue Analyse der Rationalität explizit ausgeschlossen werden.

Wie im Falle des rationalen Selbstinteresses werden wir leicht einräumen, daß die gerade erwähnten Beschreibungen, jede für sich, gut beobachtet sind, wenn wir sie gegen vertraute Verwendungen von (und Appelle an) »Vernunft« und »Rationalität« halten, insbesondere in Situationen, welche solche Charakterisierungen nicht erfüllen. Die Kultur der Vernunft entwickelt und bewegt sich großenteils in und mit den Formen unparteiischen

1 Enthalten in J. Habermas: *Moralbewußtsein und kommunikatives Handeln* (Frankfurt 1983), 53-125.

2 In: F. Kambartel (Hg.): *Praktische Philosophie und konstruktive Wissenschaftstheorie* (Frankfurt 1974), 54-72.

Überlegens, Beurteilens und Beschließens. – Und wieder entstehen wohlbekannte philosophische Dispute aus dem Versuch, Bedingungen eines vernünftigen Diskurses so zu gruppieren, daß wir eine *Definition* der Rationalität erhalten, eine Definition, die als ein *allgemeines* Kriterium, also als von mir hier so genanntes *Vernunftprinzip* dient, oder doch wenigstens als ein Vernunftprinzip für den Bereich praktischer Beratung.

Ich möchte auch hier nicht in weitere Details eintreten, nur, ohne jede weitere Absicherung, sagen, daß hier die Bemühungen von Apel, Habermas, aber auch etwa von Hare und Rawls wie schließlich diejenigen von Lorenzen, Schwemmer oder meines eigenen vergangenen Nachdenkens, und vielleicht ganz allgemein der praktisch-philosophische Kantianismus, eine gemeinsame, und keineswegs selbstverständliche, Tendenz aufweisen. Aber auch die Spielarten des Utilitarismus und der Wohlfahrtsökonomie sind, wie für den Fall des Selbstinteresseprinzips ausgeführt, von eben dieser Tendenz befallen.

Gibt es eine andere Sicht der Situation, in der wir uns, *grammatisch,* mit den Vernunftansprüchen befinden? (Nebenbei: Meine häufige Verwendung des Wortes »grammatisch« ist als eine Referenz an Wittgenstein zu verstehen, welcher Problemlagen von der Art, wie ich sie hier behandele, vielleicht als erster eine hinreichende Aufmerksamkeit gewidmet hat. In den meisten Fällen tun es statt des Wortes »grammatisch« natürlich auch die Worte »begrifflich« und »semantisch« oder »konstitutiv«[3].) – Wenn wir, für den Augenblick, einmal die Vorstellung eines allgemeinen Vernunftprinzips beiseite setzen, dann bleibt uns zunächst eine Menge grammatischer Bedingungen oder Kriterien der Rationalität, von denen wir dann im übrigen einige »technisch« oder »zweckrational«, andere »moralisch« usf. nennen mögen. Manche davon haben die *Form* von Regeln, andere lesen sich wie ein Ziel oder eine Perspektive, wiederum andere wie eine Einstellung oder Fähigkeit. Und diese »Formen« können sich dann mit einer Vielfalt von eher inhaltlichen Gesichtspunkten verbinden, Gesichtspunkten z. B. der Symmetrie, der Gleichheit, der gegenseitigen Anerkennung als (moralische) Person, der Allgemeinheit (etwa der Formulierung), der Universalität (etwa der Anwendung), der Gerechtigkeit; oder solchen der Wahrhaftigkeit, des

3 Vgl. S. 149, 156.

Realitätsbezuges und der Wahrheit; jedoch auch des kalkulierten Selbstinteresses und technischer Rationalität; schließlich der Weisheit und der richtigen (guten) Form des individuellen Lebens oder Lebensverständnisses.

Sind nun aber nicht alle diese (formalen und materialen) *Aspekte* der Vernunft schlicht *Facetten* ein und desselben Phänomens, das wir »Rationalität« nennen? – Wir mögen so reden; wenn wir nur nicht das, was ich gerade »Aspekte« oder »Facetten« genannt habe, zu *Merkmalen* einer Definition der Rationalität werden lassen oder in Implikationen oder semantische Konstruktionen überführen, welche eine solche Definition als Grundlage haben. – Die Suche nach logischen oder semantischen Konstruktionen, auf die sich ein allgemeines Prinzip der Vernunft stützen läßt, möchte nämlich vergebens sein. Und dies, die Vergeblichkeit des Bemühens, gilt dann natürlich auch von den philosophischen oder wissenschaftlichen Kontroversen, die unter solchen Perspektiven entstehen. Hier könnte also der Abschied von einer theoretischen Vorstellung geboten sein, ein Abschied, mit dem ich Sie vertraut machen möchte.

Wenn uns die Vernunft leitet, folgen wir dann *dem (einem) allgemeinen* Prinzip oder Kriterium der Vernunft, einem Satz von Regeln etwa? Oder sollten wir nicht besser sagen, daß wir, als gelernte Vernunftwesen, in der Lage sind, eine Reihe verschiedener, obzwar miteinander auf vielfältige Weise verbundener, Kriterien der Bewertung abwägend zu beurteilen; d. h. insbesondere, daß es uns obliegt und möglich ist, ihre Angemessenheit und ihr richtiges Verhältnis für die *jeweils betrachtete Situation* einzuschätzen und zu verstehen. – Die hier wesentliche Frage der Angemessenheit führt uns nun nicht wiederum auf ein allgemeines, nur »höheres« Kriterium. Es gibt hier nämlich keinen allgemeinen Standard der Adäquatheit, der (eine Kennzeichnung, die) dann in allen überhaupt denkbaren Situationen verwendbar wäre. Wir müssen im Gegenteil sagen, daß wir unsere Vernunft ausüben und zeigen, indem wir die (verschiedenartigen) situationsangemessenen Maßstäbe und ihr jeweils sinnvolles Verhältnis kennen (praktizieren können), ohne uns dabei auf überall verfügbare Beurteilungskriterien einer nächsten Ebene zu stützen. – Wollten wir hier Ausdrücke aus Kants Philosophie verwenden, wir müßten sagen: Die »Vernunft« ist auf unsere »Urteilskraft« angewiesen, und auf die Lebenserfahrung, welche ihr im allgemeinen zugrundeliegt. Und dies zu sagen, ist keine empirische, sondern eine grammatische Bemerkung.

Wenn wir nun versuchen, das philosophische Vernunftverständnis in diesem Sinne zu ändern, dann ist ein Wort hilfreich, welches als Gegenbewegung zu Worten wie »Prinzip«, »Kriterium« oder »Definition« dienen kann. Es muß ein Wort sein, das sich auf eine weite Vielfalt von Praktiken und Maßstäben bezieht, eine Vielfalt, deren Zusammenhang nicht durch Begrenzungslinien nach Art einer Definition erreicht oder garantiert ist. Ein naheliegender Vorschlag ist hier das Wort »Kultur«. – Dieses Wort eignet sich für unseren Zweck in mancherlei Hinsicht.

Zunächst verstehen wir unter einer Kultur normalerweise eine *gemeinsame* Praxis und ihre Orientierungen, eine soziale Erscheinung. Und auch die Verpflichtung, welche uns die Vernunft auferlegt, ist ja nicht lediglich selbsterzeugt, nur aus den *privaten Entschlüssen* des Individuums herrührend.

Zum zweiten lernen wir normalerweise Form(en) und Inhalt einer Kultur nicht über eine bloße allgemeine Charakterisierung. Wollen wir ein gutes Urteil über die in und mit einer Kultur entfalteten Tätigkeiten, Unterscheidungen, Bewertungen und Problemlösungen besitzen (in unserem Falle dazu, was das Vernünftige ist), so erwerben wir das zugehörige Wissen in der Regel dadurch, daß wir mit den »Bestandteilen« der Kultur sozusagen »Stück für Stück« (und »Schritt für Schritt«) bekannt und vertraut werden. – Auch eine Charakterisierung hat hier also eher illustrierend, durch »Erläuterung« im Fregeschen Sinne, nicht über (definierende) »Erklärungen« zu erfolgen. Nur kommt hinzu: Rein »äußerliche« Erläuterungen geben uns im allgemeinen nicht die Möglichkeit, uns *praktisch* in einer Kultur *zu bewegen,* machen unsere *Lebensvollzüge* noch nicht zu einem Teil dieser Kultur. Hier sind wir vielmehr darauf angewiesen, daß man uns das Notwendige lehrt, daß wir *praktisch* teilnehmen (nicht nur auf der Ebene von Beschreibung), daß wir *erfahren* werden; und wir sind dabei abhängig von anderen (der einschlägigen Tradition) und auch (abhängig) von den Wechselfällen des Lebens, die unserer Erfahrung häufig erst die notwendige Vielfalt geben.

Ich sollte hinzufügen, daß sich die Kultur der Vernunft von Kulturen unterscheidet, die eine partikulare Praxis, eine sozusagen »lokale« Komponente in unserem Leben bestimmen; der Unterschied liegt darin, daß Vernunft, insbesondere durch ihre grammatischen Verbindungen mit dem Überlegen, Argumentieren, Sich-Orientieren, überall (in unserem Leben) von Bedeutung sein kann: In diesem Sinne gehören Verständnis und Praxis der Vernunft zur *Form* unseres Lebens, d.h. zu unserem Leben, wenn wir es »als Ganzes« betrachten.

Wir geraten im übrigen in eine ähnliche Situation, wenn wir nach definierenden Prinzipien der Freiheit oder der Moralität suchen. Statt dessen Ausschau zu halten nach dem grammatischen Netzwerk einer (moralischen) Kultur, das wäre auch hier anzuraten!

Wir werden nicht als vernünftige Wesen geboren, obwohl wir von Natur für diese schwierige Unternehmung mehr oder weniger gut ausgestattet sein mögen – zur Vernunft bilden wir uns, werden durch Bildung dazu geführt; und mögen dann selbst dazu beitragen.

Stellen wir uns vor, daß der Prozeß der Bildung zur Vernunft scheitert, oder sich die Tradition, welche das vernünftige Leben trägt, verliert: Könnten uns dann (an ihrer Stelle) Definitionen und theoretische Abgrenzungen helfen, etwa die grammatische Grundlage einer Erneuerung sein?

Zwei semantische Vergleiche mögen die Situation vielleicht weiter erhellen:

Stellen wir zunächst das Vernünftige neben die angemessene Lösung eines Problems – angemessen im Blick auf die gegebene Situation, die relevanten Umstände. Häufig fallen für uns ja in der Tat das Vernünftige und das Angemessene zusammen. Und blikken wir nun auf die Vorstellung, wir sollten über einen allgemeinen Maßstab für *angemessene Lösungen* verfügen, einen Maßstab für *beliebige* Problemsituationen. Offenbar wäre eine solche Vorstellung gänzlich absurd. Die Grammatik der Worte »angemessen« und »adäquat« ist nämlich nicht weniger ausgedehnt und vielfältig wie diejenige des Wortes »Problem«. Wir müssen wissen, um was für eine Art von Problem es sich handelt, ehe wir *angemessene* Wege, damit umzugehen, als solche kennzeichnen können; unterstellt, wir verfügen überhaupt über das notwendige Urteil.

Wir könnten hier auch auf Erklärungen der Art »Das ist nicht richtig, weil ...« sehen und darauf, daß die Fortsetzung hier, nach dem »weil«, ganz verschieden und nicht von der Art ist, daß sie eine (allgemeine) Definition von »richtig« anwendet.

Andererseits mag es hilfreich sein, den Fall einer Kultur mit dem eines Spiels zu vergleichen: Ein Spiel zu kennen, heißt, über eine bestimmte Praxis und ihre Regeln Bescheid zu wissen. *Regeln* sind übrigens nicht für alle Spiele wesentlich: Denken wir an ein Spiel, bei dem etwas wie im Theater dargestellt werden soll, eine Situation etwa oder bestimmte Charaktere, und wo zu Beginn nichts festgelegt ist, *alles* der Phantasie und der Intuition überlassen bleibt. Kinder können in dieser Weise spielen und dabei nicht Regeln im engeren Sinne folgen.

Für unsere Zwecke allerdings ist es nützlich, an Spiele zu denken, die im wesentlichen durch Regeln gegeben sind. Nehmen wir das Beispiel des Schach. Hier wäre es offensichtlich absurd zu meinen, die Regeln des Schachspiels seien dadurch »definierbar« (dadurch solche), daß sie besondere Merkmale, ein »Kriterium« der Schachspielartigkeit erfüllen. Vor ihrer Kenntnis im einzelnen gibt es über die Regeln des Schachspiels nichts (ihnen Gemeinsames) zu wissen. Die Frage »Woran erkennst du, daß *das* eine Regel des Schachspiels ist?« wäre (hier) ganz unsinnig, wenigstens in den Situationen, an die wir für eine solche Frage im allgemeinen denken können.

Ähnlich steht es, möchte ich sagen, mit der Auskunft: Dies ist eine Rechtfertigung oder eine rationale Argumentation, weil sie der *Vernunft* gehorcht. Denn »die Vernunft« ist kein Kriterium, welches hier für irgendeine Art der Kontrolle oder Einordnung zur Verfügung stünde, auch dann nicht, wenn wir Diskurs- oder Beratungsregeln an die Stelle (der Vernunft) setzen.

Die grammatische Perspektive, die ich zuletzt erörtert habe, hängt zusammen mit einem richtigen Verständnis dessen, was häufig »das transzendentale Argument« heißt (in manchen Fällen ist auch von »performativen Widersprüchen« oder »präsuppositionellen Analysen« die Rede): Das transzendentale Argument stellt dem Adressaten, was er *tut,* vor Augen, im Vergleich mit dem, was er über das, was er tut, in grammatischer Absicht *sagt.* Die Praxis des Adressaten würde, in dem sie (praktisch) unbestreitbar leitenden Verständnis, gar nicht möglich sein, wenn der Adressat mit seinen Behauptungen zur Grammatik seiner Praxis recht hätte. Wenn wir mit unseren Formulierungen hier nicht auf Kants Formel von den »Bedingungen der Möglichkeit« schielen, so kann es bei der vielleicht weniger mißverständlichen Ausdrucksweise bleiben: Die tatsächliche Grammatik der Adressatenpraxis steht im Gegensatz zu ihrer Beschreibung durch den Adressaten; und darauf soll ihn das so genannte transzendentale Argument hinweisen.

Natürlich könnte der Adressat seine gegenwärtige *partikulare* Praxis ändern, so einrichten nämlich, daß er die tu-quoque-Version des transzendentalen Arguments umgeht. Was er allerdings unter normalen Umständen nicht tun kann, ist, das *gemeinsame* Handeln und Verständnis zu ändern, wo es in unseren allgemeinen Lebenszusammenhang, in das Ganze (die »Form«) unseres (und damit auch seines) Lebens eingearbeitet ist. Daher kann und wird eine starke Version des transzendentalen Argumentes die Tatsache heranziehen, daß der Adressat mit uns eine gemeinsame Grammatik, »Kulturen« unseres Lebens teilt. Allerdings, daß diese Grammatik die Form eines (allgemein anwendbaren) *Prinzipes* annimmt, ist für das (transzendentale) Argument offenbar überhaupt nicht wesentlich.

Wo es keine grammatische Kultur der Vernunft gibt (in der das Wort »Vernunft« und seine sprachliche Umgebung eine *trans*subjektive Bedeutung erhalten), da fehlt die Instanz, auf die sich philosophische Analysen (nach Art des transzendentalen Argumentes) berufen müssen. Wenn wir nicht auf eine *allgemeine* grammatische Kultur der Vernunft verweisen könnten, blieben grammatische Hinweise zum Verständnis von Vernunftansprüchen stets in der Nachbarschaft von bloßen Entscheidungen (des *Dezisionismus*). Die Philosophen, und ihre Schüler, müssen das Leben, die ihnen gemeinsame Grammatik des Lebens, kennen und sich darauf beziehen können. Die grammatische Pluralität oder Vielfalt, welche eine Kultur der Vernunft bestimmt, darf eben nicht mit Pluralismus verwechselt werden, dem Pluralismus widerstreitender Meinungen über die (d.h. Auffassungen von der) Grammatik der Rationalität.[4]

Und doch ist es denkbar, daß wir in eine Situation geraten, in der ein Konflikt zwischen unseren grammatischen Analysen und der Kulturentwicklung selbst entsteht. Es ist nämlich möglich, daß eine allgemeine Kultur der Vernunft, die insbesondere moralisches Überlegen und Handeln einschließt, durch die Ausdehnung etwa technischer Handlungs- und Beurteilungsweisen gleichsam

4 Siehe hierzu meine Abhandlung »Begründungen und Lebensformen«, in diesem Band, S. 44-58.

erodiert wird. Da sich die »alte« Bedeutung der Worte von den Betroffenen nicht völlig außerhalb einer solchen (allgemeinen) Entwicklung bewahren läßt, ist sie (die Bedeutung der Worte) von einem solchen Prozeß berührt. Sie kann sich ändern oder verschwinden, und dies ist dann eine »öffentliche« Erscheinung. Schließlich könnte praktisch niemand mehr den alten Sitz der Worte in unserem Leben (die alten Lebensverständnisse) wissen. Auf diese Weise mag es insbesondere, indem szientistische und technische Rekonstruktionen die lebensweltlich präsente Semantik gleichsam von innen aushöhlen, dahin kommen, daß uns der Boden für ein transzendentales Argument unter den Füßen weggezogen wird.

Wir mögen einen Verfall der Kultur der Vernunft, die nicht nur definitorische »Halbierung der Vernunft«, als eine (beklagenswerte) Perspektive unseres Zeitalters betrachten und uns, gegen technische Reduktionen der alten Grammatik unserer Lebenswelt, in das Bemühen einreihen, eine vernünftige Kultur moralischer Beurteilung und Praxis fortzuführen. Und doch müssen wir dabei vorsichtig sein, nicht die gesamte Grammatik praktischer Vernunft in einem Rahmen zu rekonstruieren, der einer bestimmten Vorstellung (oder bestimmten Versionen) des moralischen Argumentierens entnommen ist. Die moralische Argumentation ist weder die Grundlage noch die Form der praktischen Rationalität in ihrer Gänze.

Wenn ich mit meinen Hinweisen recht habe, und ich bin mir ziemlich sicher, daß ich damit recht habe – dann ergeben die grammatischen Ausschließlichkeitsansprüche der konfligierenden begrifflichen Rekonstruktionen des Vernunftbegriffes keinen Sinn, welche der neueren Entwicklung der philosophischen Ethik, der Wohlfahrts- und Entscheidungstheorie das Gepräge geben, häufig aber auch die Analysen wissenschaftlicher Rationalität bestimmen. Und das bedeutet, daß uns die philosophischen Dispute, die sich hier vollziehen, in der Form, die sie annehmen, in die Irre führen. Sie entstehen aus einem *grammatischen Mißverständnis* der Vernunft: Die Grammatik einer Kultur enthält ohne viele, ohne die in einem solchen Fall *notwendigen* begrifflichen Umstände die Form eines (universal anwendbaren) Prinzips.

Hat der Hinweis auf die vielfältige Beurteilungspraxis, welche mit Rationalitätsansprüchen verbunden ist, nicht etwas *Affirmatives?*

Bedürfen wir nicht der (allgemeinen) Prinzipien und Kriterien der Vernunft, um den kritischen Sinn des Vernunftgebrauchs und seiner Grammatik zu erhalten?
Aber wir haben es ja bei dem, was ich die Kultur der Vernunft genannt habe, mit einer *Beurteilungs*praxis, und zwar mit einer *bestimmten,* zu tun. Die Kultur der Vernunft ist, könnten wir sagen, *normativ;* eben dies gehört zu ihrer *Grammatik.*
Auch die Regeln eines Spiels dienen uns ja zur *Beurteilung* der Spielpraxis als einer richtigen oder falschen, als »Norm« also des richtigen Spielens – und haben, wenn wir diesen Fall ins Auge fassen, kein *Prinzip,* welches sie alle und alle ihre richtigen Anwendungen zusammenhält (charakterisiert). Die Normativität der Vernunftkultur hängt, sehen wir, nicht an unseren definitionstheoretischen Vorurteilen für einen genauen (übersichtlichen) Umgang mit dem Wort »Vernunft« und seinem sprachlichen Umfeld. Sie wird daher auch nicht beseitigt, wenn wir gegen diese Vorurteile angehen. Im Gegenteil stärken wir einen hinreichend ausgedehnten kritischen Gebrauch der Vernunft, wenn wir nicht mehr mit unhaltbaren begrifflichen und deduktiven Konstruktionen herumfuchteln. Denn daß diese Bemühungen immer wieder scheitern oder nur eine Teilplausibilität erreichen, ebnet schließlich dem pluralistischen oder partikular-ideologischen Umgang mit Vernunftansprüchen den Weg.
Andererseits, wir *stellen* ja gerade *fest,* wie unser Gebrauch der Beurteilungsworte »vernünftig« und »rational« *beschaffen ist.* Es sind die grammatischen *Tatsachen* dieses Gebrauchs, welche uns interessieren – im Unterschied zu falschen Vorstellungen, die wir uns von diesen Tatsachen machen. Und wir stimmen den festgestellten Tatsachen zu, fordern dazu auf, sich daran zu halten. Ist dies nicht eine *deskriptive,* und dann *affirmative* Einstellung, welche die notwendige Kritik unseres Sprachgebrauchs verhindert? – Dies gilt nun allerdings auch für Vernunft*prinzipien.* Auch diese sollen ja in der Regel den vertretbaren Kern der kulturellen *Tatsache* »Vernunft« treffen; oder wir gerieten in die Lage, etwas in die Welt bringen zu wollen, was es in dieser (noch) gar nicht gibt. Auch ein Vernunft*prinzip* verbände sich dann mit der bloßen Aufforderung »Sieh, was ich tue und wie ich rede! Schließ dich an!«.
Ist Affirmation also das Schicksal der philosophischen Selbstreflexion? Müssen wir beim Vernunftgebrauch alles so lassen, wie

es ist? Und könnte nun nicht jemand auf schlimmen oder einseitigen (faktischen) *so genannten* Vernunftgebrauch verweisen und uns sagen, *dies* sei die richtige, bessere, die wesentliche Bedeutung der einschlägigen Worte? Und wie entscheiden wir dann – ohne Kriterien, die gewissermaßen außerhalb des Streites, außerhalb des faktischen Gebrauchs, stehen?

Wenn uns die vernünftige Praxis, insbesondere das vernünftige Argumentieren, nicht selbst die Mittel ihrer *(inneren)* Beurteilung, Begrenzung und Entfaltung an die Hand gibt – woher sollten wir sie denn gewinnen! Ist es nicht absurd zu meinen, jemand könnte gewissermaßen *privat* die Kultur der Vernunft *erfinden* und dann für ihre Verbreitung sorgen? Wir müssen bereits auf dem Boden der Vernunft stehen, heißt das, wenn wir uns in ihr, und *mit ihr*, bewegen wollen. Wir erkennen also, daß wir insoweit *immer* auf grammatische Tatsachen des Vernunftgebrauches angewiesen sind.

Und eine zweite Nachbemerkung erscheint mir wichtig: Daß wir die Kultur der Vernunft nicht definitorisch auf ein universelles Abgrenzungsprinzip reduzieren (über dieses begreifen) können, darf nicht verwechselt werden mit einem Argument gegen die *universalistischen* Züge vor allem in den moralischen Elementen der Vernunft (oder gar gegen den *formalen* Charakter einer Grammatik der Rationalität). Meine Überlegungen sollen und können auch hier nur darauf zielen, das Formale und Universalistische an und in einer Kultur der Vernunft in der richtigen grammatischen *Perspektive* zu sehen.

Die *Universalität* der praktischen Vernunft ist, bei der in diesem Zusammenhang üblichen terminologischen Absicht, so genannten *partikularen* Orientierungen und Lebensvollzügen entgegengesetzt. Und das Wort »partikular« kann dabei zweierlei bedeuten:

Zum einen grenzen wir damit dasjenige aus, das außerhalb unseres *gemeinsamen* Lebens(zusammenhanges) steht oder sich auf der Ebene des *Verständnisses*, der Sprachanalyse etwa, außerhalb der »Allgemeinheit« unserer praktischen und sprachlichen Institutionen stellt. Worte und Praxis des Vernunftanspruches, wollen wir dann sagen, umgeben uns als Teil dieser Allgemeinheit, sind nicht eine Sache der bloßen (subjektiven) Auffassung und Entscheidung der Individuen, Gruppen, Parteien usf.

Auf der anderen Seite soll der Vorwurf der Partikularität die

Grammatik des Vernunftanspruches selbst treffen, und nicht (lediglich) die Tatsache, daß er nicht in private Sonderkulturen unseres Lebens, partikulare Moralen, zerfällt, eine Interessen- oder Geschmackssache darstellt. Hier, in diesem zweiten Falle, ist die Allgemeinheit im ersten Sinne bereits unterstellt, und es geht um den begrifflichen und praktischen Inhalt, für den sie gilt. Dieser »Inhalt«, nämlich die (allgemeine) grammatische Form des praktisch Vernünftigen, ist dann mit den Worten »Partikularität« und (versus) »Universalität« umstritten.

Wenn wir jemandem das Universale an der grammatischen Kultur der Vernunft erläutern wollten, was müßten wir dann tun? Worauf könnten wir hinweisen? Hier kommt offenbar wiederum vieles in Frage, und das meiste trat bei meinem kursorischen Abschreiten dieser Grammatik bereits auf:

- daß wir uns in bestimmten Situationen auf (in verschiedener Hinsicht) generell formulierte (und adressierte) Orientierungen stützen;
- daß die vernünftige Erwägung grammatisch keine privilegierten Positionen, weder auf der Ebene der Partizipation noch auf der Ebene der Argumente, kennt;
- daß wir die Interessen anderer anerkennen, die Einbeziehung aller Betroffenen als eine Perspektive unserer Erwägung betrachten;
- daß wir die begrenzte Perspektive unserer eigenen Lebens- und Interessensituationen zugunsten derjenigen einer unparteilichen Überlegung verlassen;
- daß wir uns im Blick auf eine frei geteilte menschliche Gemeinsamkeit orientieren;
- im Zusammenhang damit auch die reziproke moralische Anerkennung der anderen Person.

Gibt es hier ein Kriterium (nunmehr der *Universalität*), dem (alle) diese und weitere Gesichtspunkte genügen (müssen)? Ist es nicht vielmehr so, daß solche Gesichtspunkte (und andere mehr) – aber nichts darüber hinaus – erläutern, in welchem vielfältigen Sinne die Kultur unserer Vernunft grammatische Formen der Überwindung einer partikularen (individuellen, subjektiven) Orientierungspraxis enthält. Diese Formen gehören gleichsam zur grammatischen Physiognomie praktischer Vernunft, die *insofern* Züge des Universalen, Unparteiischen, Transsubjektiven trägt.

Auch die Worte »formal« und »universal« täuschen uns also,

wenn sie uns vorspiegeln, wir könnten hier mit Elementen einer Definition oder eines terminologischen Aufbaus operieren. Daß wir uns davor hüten müssen, hier so, statt mit einer vielfältigen Phänomenologie, zu hantieren, zeigt auch die charakteristische, übergroße Unschärfe oder das Tautologische, welches den definitorisch gemeinten Formeln anhaftet. Sie scheinen dann überdies in analytischen oder präsuppositionellen Ableitungen fungieren zu können. Zwischen bestimmten Diskursregeln etwa und Universalitätsprinzipien herrscht jedoch nicht ein Verhältnis der Ableitbarkeit des einen aus dem andern (wie etwa in den bereits genannten Notizen von Habermas zu einem Begründungsprogramm der Diskursethik behauptet), sondern eher das der grammatischen Exposition eines Zusammenhanges (der Vernunftkultur) von verschiedenen Seiten, eines Zusammenhanges, in den beide, Diskursregeln wie Universalitätsprinzipien, gehören.
Wir wissen nicht jenseits einer Erfahrung mit den möglichen Phänomenen und Institutionen, was praktische Symmetrie von Diskurspositionen, Einbezug aller Betroffenen, Überwindung der (eigenen) Subjektivität, Unparteilichkeit, Anerkennung des Anderen und manches mehr *genau* (in einer »strengen«, nicht exakten Betrachtung) bedeuten. Jede dieser Ausdrucksweisen, heißt es, gewinnt schärfere semantische Konturen erst durch ihre Einbettung in eine Fülle von Erfahrungen, Praktiken, Regelungen und Einstellungen. Und diese hängen, über die Grenzen der jeweils angemesseneren Formulierungen hinaus, miteinander in einem komplizierten Netzwerk grammatisch zusammen. Dies, und nicht Sätze und Beschreibungen, welche an einer bestimmten Stelle die Worte »allgemein« oder »Form« sinnvoll enthalten, trägt die Rede von der Universalität der Vernunft.
Sollten wir uns also überhaupt von Definitionen oder Rekonstruktionen des Rationalen fernhalten? Nein, möchte ich, vielleicht jetzt eher überraschend, sagen; wenn wir, allerdings, ihren grammatischen Ort, ihre begrenzte begriffliche Rolle beachten. Die verschiedenen Definitionen des Vernünftigen arbeiten *innerhalb* der Kultur der Vernunft; wenn sie überhaupt, »lokal«, angemessen sind, so gehören sie zum *grammatischen Netzwerk* dieser Kultur. Und *nicht* dürfen wir sie daher als philosophisch miteinander konkurrierende Bestimmungen ihrer Grenzen (der grammatischen Grenzen einer Kultur der Vernunft) verstehen.

Begründungen und Lebensformen

Zur Kritik des ethischen Pluralismus

I

Wie beurteilen wir die Lebensformen der Menschen? – Muß es nicht *universelle*, den verschiedenen Lebensformen noch gemeinsame Maßstäbe oder Verfahren geben, deren Anwendung die *Moralität* oder *Rationalität* einer bestimmten Lebensform (oder ihrer selbständig beurteilbaren Ausschnitte) verbürgen könnte?
Beim genaueren Hinsehen haben, so will es mir inzwischen scheinen, diese Fragen und die Überlegungen, welche hinter ihnen stehen, etwas Merkwürdiges, Unangemessenes. Versuchen wir uns zu vergegenwärtigen, wohin, in welche Art von Situationen sie gehören.
Man kann sich etwa einen abendländischen Ethnosoziologen vorstellen, der sich einer fremden, unberührten Kultur nähert – und sich fragt, welche Weisen vernünftiger Argumentation mit den »Eingeborenen« jedenfalls gegeben sein werden, ob ein begründetes (gemeinsames) moralisches Urteil möglich sein muß. Wäre es nicht denkbar, daß er auf ganz andere, unvergleichbare Verständnisse der Rechtfertigung von Handlungen und Urteilen stieße? – Hier, in dieser Frage, steht das Wort »denkbar« an einer gefährlichen Stelle des Gedankenweges, kann sehr weit in die Irre weisen. Was hier *denkbar* (als eine Begründung, Rechtfertigung usf.) ist, bestimmt sich zunächst in unseren eigenen Orientierungsverhältnissen. Das heißt, wir haben einen Begriff des Denkbaren ausgebildet, welcher sich auf die Selbstverständlichkeiten bezieht, die unseren Orientierungen zugrunde liegen, in deren grammatischen Grenzen sich unsere Orientierungen bewegen. Würden wir diesen Begriff in Gedanken verlassen, so löste sich der Rahmen, welcher dem Wort »denkbar« seinen bestimmten Sinn gibt, gewissermaßen auf. Man unterstellte dann, daß *alles* möglich ist; und das heißt selbstverständlich, daß hier gar keine verständliche Verwendung des Wortes »möglich« vorläge.
So also insbesondere für das, was *als Rechtfertigung denkbar ist.* Was als Rechtfertigung denkbar ist, wird durch *unser* Begreifen der Rechtfertigung mit allen seinen Unschärfen und Verständnisdifferenzen bestimmt.

Natürlich lassen sich hier *Entwicklungen* vorstellen: Einengungen (Reduktionen), Erweiterungen, Verwischungen oder Klärungen wesentlicher Unterscheidungen usf. Nur sind dies keine Weisen, unseren Begriff der Rechtfertigung *völlig* zu verlassen. Sie vollziehen lediglich die unserer Kultur der Begründung und Argumentation selbst eigentümlichen Bewegungen. Wollten wir an dieser Stelle weitergehen, so sähen wir uns in die Nähe einer Homonymie (eines durch Homonymie bedingten Problemes) geraten. Das liefe dann auf die Feststellung hinaus, das *Wort* »Rechtfertigung« könne in einer anderen Umgebung einen ganz anderen Sinn haben. Aber dies zu sagen, führt uns zu keiner besonderer Mühe werten Untersuchung, ist allenfalls als ein Hinweis auf die unbestreitbare Konventionalität des Sprachgebrauchs zu verstehen. Und wenn wir an den Ethnosoziologen denken, so kann dieser schließlich gar nicht in die Situation geraten, bei den Eingeborenen einen anderen Gebrauch unserer Worte festzustellen. Das heißt, seine Frage müßte immer sein, ob es eine unserer Argumentationskultur und Rechtfertigungspraxis verwandte sprachliche und praktische Form des Lebens gibt.

Und könnte es nun andererseits nicht der Fall sein, wäre es nicht (sinnvoll) denkbar, daß ein vertrautes und vielleicht allgegenwärtiges Element der *Grammatik* (Form) *unseres* Lebens einfach fehlte, daß etwa, für bestimmte Funktionen (welche dieses Element hat), etwas anderes an seine Stelle träte? – Es ist in der Tat schwer, sich vorzustellen, etwas sei *funktional unersetzlich;* es sei denn, man verbände die Funktion bereits begrifflich mit der Weise ihrer Erfüllung: wie wenn jemand sagte, ohne unseren Begriff von Rechtfertigung sei die Gewinnung eines rationalen Selbstverständnisses unmöglich.

Zugleich könnten (gedankliche oder literarische) Variationen eines wesentlichen Elementes unserer Lebensform dazu dienen, die grammatischen Tatsachen, in denen wir leben, *schärfer zu beleuchten.*[1] Wesentlich ist dann, sich klarzumachen, daß uns in diesem Falle *keine Wahl eröffnet* wird. Wir haben es mit einem Unternehmen der kritischen Analyse (Hermeneutik) zu tun.

Aber erscheint nicht damit das, was wir eine Rechtfertigung nennen (was eine Rechtfertigung zu nennen wäre), als ein bloßes

1 In diesem Sinne setzt Wittgenstein die künstliche grammatische Modifikation vielfältig ein. In der Literatur im engeren Sinne findet man z. B. bei F. Kafka Entsprechendes.

Faktum? In einem Sinne ist dies richtig (gesagt): Es sind die grammatischen *Tatsachen*, die, auch hier, unsere Orientierung bestimmen. Kann man sich dann also nicht doch denken, daß *diese* Tatsachen andere, anders als in unseren Verhältnissen, sind?
Sicher können wir eine gedankliche Operation dieser Art vollziehen, in unserer Imagination einen Teil unserer grammatischen Tatsachen außer Kraft setzen. Und doch ist hier besondere Vorsicht geboten. Wir dürfen dann nämlich nicht im gleichen Atemzuge von diesen Tatsachen Gebrauch machen, indem wir etwa in die fingierte neue grammatische Umgebung eine Frage plazieren, welche ihren Sinn nur aus den *alten*, aus unseren normalen grammatischen Verhältnissen erhalten kann. Dies geschieht aber leicht, wenn wir die Frage nach der (moralischen) Rechtfertigung einer Lebensform stellen, in welcher die moralischen Argumente eine bestimmte, grammatisch charakteristische Stelle innehaben.
Dieselbe grammatische Ungereimtheit läge ganz allgemein vor, wo die Ethnosoziologie mit den *alten* Fragen in *neue* oder noch unbekannt andere begriffliche Kleider schlüpfen wollte.
Begreifen wir das Ethische als eine Lebensform, so liegt die Frage nahe: Steht sie *neben* anderen Lebensformen? Und läßt sie sich gegenüber diesen durch eine besondere Begründung auszeichnen? Mit diesen Fragen können wir uns allerdings nicht außerhalb derjenigen begrifflich-praktischen Verhältnisse aufstellen, zu denen die darin benutzten Ausdrucksweisen gehören – und ihnen (den Fragen) gleichwohl einen wohlbestimmten *öffentlichen* Sinn geben wollen: den Sinn, den wir von ihnen in den einschlägigen Diskussionen gerade erwarten. Wir können eben nicht die Grammatik der Worte, mit denen wir *Begründungsansprüche* erheben und einlösen, außer Kraft gesetzt denken und, zugleich, in der entstehenden Situation ein bestimmtes *Begründungsproblem* diskutieren, nach einer bestimmten Begründung verlangen.
Natürlich kann jemand den Sinn des Wortes »Begründung« (künstlich) so ändern, daß grammatische Verbindungen zur Moralität ausgeschlossen sind, wie dies etwa Tugendhat in seinen hier einschlägigen Erörterungen tut.[2] Man erhält dann Fragen wie: Gibt es zweckrationale Gründe, an einer moralischen Lebensform (Kultur) festzuhalten? Oder: Läßt sich die Existenz

2 E. Tugendhat: *Probleme der Ethik* (Stuttgart 1984); vgl. insbesondere die dort wiedergegebenen »Drei Vorlesungen über Probleme der Ethik« (57-131).

einer moralischen Lebensform (Kultur) aus einsichtigen, plausiblen oder empirisch bewährten anthropologischen und psychologischen Annahmen herleiten? Usf. Damit solche Fragen nicht gewissermaßen in der Luft hängen, wird man für sie *genauere Umstände* nachliefern müssen: eine bestimmte zweckrationale Umgebung etwa oder *bestimmte* wissenschaftliche Kriterien der empirischen Bewährung und Herleitung. Allgemeine, für *alle* denkbaren Kontexte sinnvolle Verständnisse solcher Fragen, und entsprechend der möglichen Antworten, sind hier kaum vorstellbar. Insbesondere bedürfen *zweckrationale* Argumentationen immer der Einbettung in wohlumrissene Problemsituationen.

Unter einer »*Lebens*form« will ich eine Weise der Orientierung verstehen, welche *alle* unsere Lebenssituationen und Lebensverhältnisse durchzieht; welche *immer* zur Anwendung kommt, oder doch immer zur Anwendung kommen kann. So sind etwa Einstellungen zum Leben zu verstehen. Und man kann auch die Ansprüche der *Moralität*, das *Ethische*, eine Form des Lebens nennen. *Moralisch* kann man, das scheint eine angemessene Feststellung, nicht nur in bestimmten Bezirken des Lebens oder der Verhältnisse sein. In diesem Sinne jedenfalls ist das Moralische *universal*. – Im Falle des *Einzelnen* und seines Lebensverständnisses mag man vielleicht differenzierend von einer (praktischen) *Einstellung* reden; im Falle der moralischen Form des *öffentlichen* Lebens bietet sich die Ausdrucksweise »moralische *Kultur*« an.

Schwierigkeiten bereitet ein engeres, besonderes, Verständnis bestimmter Lebensformen; und gerade die Ethik hat sich in diese Richtung entwickelt. Der Gedanke liegt nämlich nahe, die Vielfalt der Situationen und Probleme des einzelnen und gemeinsamen Lebens durch einen einheitlichen Satz von Regeln oder (im Blick auf ihre universelle Anwendung) »Prinzipien« in eine einheitliche Form zu bringen. Die Frage nach der richtigen Lebens*form* erscheint dann als die Frage nach den richtigen *Regeln* und *Prinzipien.*

In der *Ethik* nehmen diese Vorstellungen etwa die Form von *Rechtfertigungsregeln* für Handlungen und Ziele an; wobei diejenigen dieser Regeln, welche den *moralischen* Begriff der Rechtfertigung gleichsam *definieren* und damit die Universalität der moralischen Lebensform tragen, im engeren Sinne ethische *Prinzipien* (die *Prinzipien* der Ethik) heißen können. Es ergibt sich so das Bild eines moralischen Lebens (Lebensverständnisses), wel-

ches durch (die) Prinzipien praktischer Begründungen zusammengehalten wird.[3]
Wir sehen, daß sich nun Begründungsprobleme einer neuen Art stellen lassen (aufdrängen). Es zerfallen nämlich die Rechtfertigungsfragen und -forderungen jetzt in zwei wesentlich verschiedene Kategorien: In der *ersten* Kategorie sind die Prinzipien praktischer Rechtfertigung auf »normale« Probleme der praktischen Entscheidung und Lebensorientierung anzuwenden. Die *zweite* Kategorie stellen Probleme der Auszeichnung eben der Prinzipien dar, welche bei Rechtfertigungsfragen der ersten Art unbefragt eingesetzt werden. Hier, als Weg zu einem Begründungsbegehren dieser besonderen zweiten Art, wirkt sich nun die Prinzipienform der Moralität aus, daß sie das Verständnis moralischer Rechtfertigung, die Form des moralischen Lebens, in die Form moralkonstitutiver *Regeln* bringen will; von Regeln, deren Formulierung dann unser Moralverständnis zugleich universell definiert und einschränkt.
Wenn wir die (moralischen) Dinge so arrangieren oder uns mit ihnen so in die bereits vorhandenen Arrangements versetzen, dann zerfallen uns die ethischen Fragen gewissermaßen in solche der normalen Begründung bestimmter Handlungsorientierungen – und solche, welche die Grammatik des Begründens selbst betreffen. Man könnte mit einer eingebürgerten philosophischen Ausdrucksweise Fragen der ersten Art *materiale*, Fragen der zweiten Art *formale* Probleme der Ethik nennen. Und die formalen Probleme der Ethik sind es, welche offenbar zur Zeit vor allem behandelt werden.
Die Unterscheidung materialer und formaler ethischer Probleme

3 In der geschilderten Perspektive stimmen so unterschiedliche Ansätze wie diejenigen von J. Habermas (vgl. jetzt vor allem: »Diskursethik – Notizen zu einem Begründungsprogramm«, in: ders., *Moralbewußtsein und kommunikatives Handeln* ([Frankfurt a. M. 1983], 53-125), P. Lorenzen/O. Schwemmer (vgl. Kapitel II, Ethik, in: P. Lorenzen/O. Schwemmer: *Konstruktive Logik, Ethik und Wissenschaftstheorie* [Mannheim u. a. [2]1975], 148-180), E. Tugendhat (vgl. die in Anm. 2 zitierten Untersuchungen), aber auch etwa die vielen Spielarten des Utilitarismus, R. Hares Universalisierungsprinzip und der Good Reasons Approach (wie er sich in K. Baiers Kennzeichnung des »moralischen Standpunkts« dokumentiert) noch überein. Auch auf meine eigenen früheren Untersuchungen zur praktischen Philosophie hat diese Sichtweise einen verzerrenden Einfluß gehabt.

verheißt zugleich eine neue Möglichkeit, doch so etwas wie eine *Auszeichnung* der vernünftigen oder der moralischen Lebensform unter den denkbaren Alternativen leisten zu können: Mögen sich auch die *materialen* Anlässe ethischer Erwägungen und damit also deren *Inhalt* stets in einem bestimmten, besonderen kulturellen Rahmen, einer bestimmten Geschichte menschlicher Praxis und ihrer faktischen Orientierung bewegen – so kann doch, möchte es scheinen, wenigstens die *Form* moralischer Rechtfertigung so etwas wie eine kulturinvariant gültige Instanz abgeben, vor der sich zwar nicht direkt die materialen Lösungen der Probleme, wohl aber die Wege, welche zu ihnen führen, rechtfertigen lassen müssen.

Verbinden sich so nicht die besonderen Gegebenheiten einer *konkreten Sittlichkeit* mit den allgemeinen, jede einigermaßen entwickelte Kultur durchdringenden formalen Normen des moralischen Begründungsbegriffes, also der jeweilige und relative Inhalt des ethischen Lebens mit einer auf ihren kulturinvarianten *formalen* Kern gebrachten *Moralität?* – Müßte sich auf diese Weise am Ende nicht auch die sinnvolle kulturelle *Vielfalt* des sittlichen und gesellschaftlichen Lebens mit einem *allgemeinen* moralischen Vernunftanspruch, *Kants* moralphilosophische Einsicht mit *Hegels* Einwänden, versöhnen lassen? – Jedoch ließe sich diese (schöne) Perspektive nicht festhalten, ließen sich die Probleme nicht so in diesen Rahmen stellen, wenn die Vorstellung, die Moralität sei durch Begründungsprinzipien quasi definiert, in die Irre führte.

Was wäre denn eine Alternative, eine bessere Sicht der moralischen Orientierungen? Müssen diese nicht in moralischen *Urteilen* bestehen oder auf solche Urteile gestellt sein? Und ist nicht die moralische Qualität dieser Urteile durch die besondere Art eben der *Begründungen* gegeben, welche sie (die Urteile) als *Einsichten,* als moralische *Erkenntnisse* möglich machen? – Wenn wir diese Sokratische Sicht des Ethischen nicht aufgeben wollen, dann muß es also darum gehen, die moralischen Begründungen und ihre praktische Umgebung richtig zu verstehen.

Wie können andererseits die moralischen Begründungen eine *Einheit* darstellen, als *moralische* gegenüber anderen Weisen des Argumentierens hervortreten, wenn der Zusammenhang nicht durch die Anwendung derselben *Regeln* oder *Prinzipien* (Verfahren) gewährleistet ist? – Es gibt nun offenbar andere Weisen, in denen sich uns ein *Zusammenhang* darstellen kann. Man kann etwa daran denken, wie die Züge eines Gesichts eine unverwechselbare Physiognomie bilden, sich Regeln zu einem Spiel ordnen, oder an differenzierte Kulturen menschlicher Kunst und ihre Abgrenzungen. In allen diesen Fällen macht es keinen Sinn, sich vorzustellen, die Zugehörigkeit (Zusammengehörigkeit) der Phänomene (der Gesichtszüge, Spielregeln, Praktiken...) ließe sich durch die Anwendung von Regeln oder Prinzipien beurteilen.

II

Wie kommt es überhaupt zu der Vorstellung, wir hätten Begründungen als eingebettet in *einen Begriff* des Begründens aufzufassen; einen Begriff, der als allgemeiner Maßstab der Beurteilung vorgeblicher Begründungen dienen soll, an den wir uns halten können, wenn es darum geht, eine Begründung als solche zu identifizieren? Zunächst lernen wir ja, so scheint es, Begründungen, und mit ihnen typische Weisen des Rechtfertigens, einzeln, Stück für Stück sozusagen, kennen und damit zugleich, daß sie alle anerkanntermaßen Begründungen *heißen* und in geeigneten Umgebungen als Antworten auf einschlägige Warum-Fragen gelten können.

Aber muß sich nicht schon hier der *transsubjektive* Charakter jedweder Begründung von selbst verstehen, uns mit den Beispielen, implizit, vermittelt werden, so daß wir dann, als in der Grammatik des Wortes »Begründung« Erfahrene, eine Begründung in ihrer transsubjektiven Überzeugungskraft erkennen, nach ihr *beurteilen* könnten. Und die weitere, genauere, Analyse der (noch vagen) Transsubjektivitätsbedingung würde, meinen wir vielleicht, dann eben das zu Tage fördern, was wir einen (allgemeinen) Begründungsbegriff zu nennen hätten.

Ich habe mir selbst die Situation lange Zeit so vorgestellt; wobei ein nichtreduzierter Begründungsbegriff praktisch auf ein *moralisches* Verständnis der Lebens- und Gesellschaftsverhältnisse hinauszulaufen scheint. Eine recht (»unverkürzt«) verstandene *Transsubjektivität* der Orientierungen, heißt das, enthielte grammatisch zugleich deren *Moralität.*

Gibt es andererseits nicht *subjektive* Begründungen, die völlig intakt sind, die wir im Normalfall akzeptieren müssen, obwohl sie auf Orientierungen eines bestimmten Individuums verweisen: dessen Ziele für dessen Wege etwa; dessen Einstellung für dessen Taten; oder den Zusammenhang, in dem sie stehen. Hier sind wir im Normalfall nicht auf eine tatsächliche oder unterstellte (transsubjektive oder moralische) *Bewertung* dieser (subjektiven) Orientierungen angewiesen. Im Gegenteil bedürfte es eines besonderen Anlasses, damit eine Begründung in eine solche Richtung fortgesetzt werden müßte. Hat derjenige, der *zur Begründung* sagt, »er brächte es nicht übers Herz, ihn so zu verletzen«, einen *grammatischen* Fehler begangen? – Begründungen sind also nicht *als solche* transsubjektiv. Jemand kann einer Begründung *nicht* zustimmen – und doch mit uns einig sein, daß es sich, *grammatisch* betrachtet, um eine Begründung handelt; und es damit gut sein lassen.

Wenn wir uns daher an das halten, was zunächst gegeben ist, für unser Verständnis maßgebend sein muß (wenn es nicht um eine reine Konstruktion gehen soll), so stehen vor uns die vertrauten typischen Weisen, für eine Handlung, eine ganze (verzweigte) Praxis, oder für deren Orientierungen eine Begründung zu geben. Hier kommt, wie man weiß, vieles in Frage; d.h. wollte man jemandem an Beispielen erläutern, was im praktischen Kontext Begründungen sind, die als solche in geeigneten Umständen grammatisch korrekt gelten, man könnte auf vieles verweisen: etwa auf die Angabe einer *Regel*, unter welche das zu Begründende fällt, das Zitieren eines einschlägigen *Beschlusses*, die Erinnerung an eine *Absicht*, den Hinweis auf eine *Einstellung* – und hinzuweisen wäre auf Verkettungen solcher Gründe: die »geregelte Praxis« könnte selbst einer Absicht dienen, die Regeln auf einen Beschluß zurückgehen, die (bestimmte) Absicht eine Einstellung kennzeichnen usf.

Bleibt hier nun nicht die Frage nach der Triftigkeit oder Wahrheit einer Begründung zu stellen? Gehört der Anspruch zu überzeugen nicht zum grammatischen Kern der Begründungspraxis? – Jede gegebene Begründung ließe sich in der Tat in vielfältiger Weise in Frage stellen. Es ließe sich etwa anzweifeln, daß der *Beschluß*, auf den sie sich berief, überhaupt oder ordnungsgemäß gefallen war. Oder: Man könnte auf die Folgen aufmerksam machen, wenn eine Praxis so oder so *geregelt* würde. Und was hier, vage genug ausgedrückt, als eine *Folge* erscheint, kann sehr Verschiedenes heißen: individuelle Ziele ebenso betreffen wie Probleme des gemeinsamen Lebens, die Person des Anderen, seine Würde etwa usf. Hier treten, wenn man sich der üblichen philosophischen Ausdrucksweisen bedienen will, zweckrationale oder moralische Gesichtspunkte (noch) nebeneinander auf. – Aber auch die *Anwendbarkeit* bestimmter »Gründe«, die grammatische Angemessenheit also der gegebenen Begründung, könnte stets ein Problem werden.

Dies alles bedeutet allerdings nur, daß sich Begründungen für die Beteiligten häufig als unvollständig oder mißlungen darstellen, und dies in verschiedener Hinsicht. Und nicht unwesentlich sind hier dann allerdings solche Fortsetzungen (oder Verschiebungen) der Argumentation, die wir als *moralisch* zu kennzeichnen pflegen.

Bei dieser Betrachtungsweise treten uns die moralischen Momente der Begründung weder als *konstitutiv* für *jede* hinreichend weit verfolgte Begründung noch als letzte *Grundlage* oder als *allgemeiner* Verständnis*rahmen* entgegen. Sie stellen einfach eine *bestimmte Möglichkeit* dar, etwas zu begründen oder eine Begründung in Zweifel zu ziehen oder zu verlängern. – Man kann sich sowohl Situationen denken, in denen sich eine »zweckrationale« Begründung als »aus moralischen Erwägungen« nicht ausreichend oder sogar unhaltbar erweist – aber sich auch moralische Gründe vergegenwärtigen, welche (in der gegebenen Situation) einer zweckrationalen Kritik nicht standhalten, deren zweckrational kalkulierte »Kosten« etwa jenseits des Erträglichen liegen.

Wohl erscheint es sinnvoll, von einer *moralischen* Lebensform und einer *moralischen* Kultur dort zu reden, wo Überlegungen, die wir moralisch nennen, eine wesentliche (und bestimmte) Stelle in den praktischen Orientierungen und Begründungen einnehmen. – Aber muß man, um zu wissen, wovon hier die Rede ist, und um die Stelle des Moralischen genau zu charakterisieren, nicht wenigstens Regeln oder Prinzipien angeben, welche die moralischen Begründungen von *sonstigen* Argumentationen unterscheiden? So daß ein *formaler* Begriff der Moralität zunächst im Spiele bleibt, wenn wir auch weniger von ihm erwarten dürfen, als es eine allgemeine grammatische Basis unseres Begründungsverständnisses wäre.

Was kann ein moralischer Grund sein? – Es fällt uns nicht schwer, typisch moralische Argumente (Paradigmen für moralische Argumente) aufzuzählen. Und es ist kaum bestreitbar, daß wir *so* Teilnehmer einer moralischen Lebensform geworden sind. Moralische Argumente können sich dagegen richten, eine *Person* zum Gegenstand eines reinen *Nutzenkalküls* zu machen, über sie im Dienste individueller oder öffentlicher Interessen zu *verfügen*. Moralische Argumente können auf der *Symmetrie* der Früchte und Lasten einer Praxis beharren. Moralische Argumente können Merkmale eines *unwürdigen Lebens* benennen, fehlende Minima der Lebensfristung oder ökonomische und politische Bedingungen, welche eine selbständige Lebens- und Weltorientierung verhindern (oder doch wesentlich erschweren). Moralische Argumente können sich schließlich, als Ratschlag etwa, auf das *richtige Verständnis* des *glücklichen* oder gelungenen *Lebens* beziehen, und dies insbesondere im Blick auf hinderliche Umstände, Widerstände, Illusionen und ähnliches mehr.

Ist, was diese und andere Fälle zusammenhält, ein regelartiges Prinzip oder eine durch Regeln des wechselseitigen Umgangs konstituierte so genannte *Universalität* der Orientierung? – Wenn mir hier eine Art des Zusammenhanges (der Fälle) einleuchtend ist, so eher diejenige, welche zwischen einer *Einstellung* oder praktischen Kultur und ihren *Äußerungen* besteht. Es gibt Einstellungen zu *besonderen* Phänomenen im Leben und, dann, solche Einstellungen, welche sich im *Ganzen* der Lebenspraxis ausdrücken, unsere Wahrnehmungen, Orientierungen, Urteile und Handlungen *durchgehend* so oder so bestimmen (zu bestimmen hätten). Und man kann diese Einstellungen daher zur *Form des Lebens* derjenigen zählen, welche sie haben (äußern).[4]

Natürlich betreffen diese Bemerkungen die *grammatischen* Verhältnisse. *Tatsächlich* mag es, wie im Falle des Ethischen, jeweils schwierig sein, eine Einstellung als solche *durchzuhalten*, sie nicht nur fragmentarisch zu praktizieren, ihr genügend Raum im eigenen oder gemeinsamen Leben zu geben. Gerade deswegen können Einstellungen wachsen, sich entfalten – und sich verlieren, dahinschwinden.

Beim Verständnis von Einstellungen lassen sich leicht zwei grammatische Fehler machen: Der eine besteht darin, die Einstellung,

4 Vgl. dazu meine ausführlichen Erörterungen *Universalität als Lebensform – Zu den (unlösbaren) Schwierigkeiten, das gute und vernünftige Leben über formale Kriterien zu bestimmen*, in diesem Band S. 15-26.

etwa die ethische Einstellung zum Leben, als etwas zu begreifen, das gleichsam *hinter* den Weisen ihrer Äußerung angesiedelt ist. So erscheint dann die Suche nach einer Kennzeichnung sinnvoll, welche den Äußerungen der Einstellung als ein (unabhängiges) *Kriterium* vorgehalten werden könnte, eine Art grammatisches Band, welches die Ausdrucksformen der Einstellung zusammenhält, Abweichungen zu *beurteilen* gestattet.

Der Fall liegt hier ähnlich wie bei den Aussagen, die wir über den *Charakter* eines Menschen oder einer Kulturerscheinung machen. Auch hier ist es in der Regel wichtig zu sehen, daß uns der Charakter (eben) nur über seine Äußerungen *gegeben* ist, die Äußerungen in einem bestimmten Sinne also weder *erklären* noch *begründen* kann. Was geschieht, wenn wir hier eine »Erklärung« abgeben, läuft eher auf die Einordnung einer Äußerung in das Ganze des Charakters, in ein ganzes Charakterbild, hinaus.

Das führt zu dem zweiten Mißverständnis, welches für unsere Überlegungen wesentlich ist: Man muß sich davor hüten, etwa die moralische Einstellung so zu kennzeichnen, daß diese Charakterisierung als *Begründung* ihrer Ausdrucksformen (der Ausdrucksformen dieser Einstellung) in Frage kommt. Was wir als solche »Ableitungen« kennen, ist nämlich im besten Falle die genauere Ausführung allgemeiner Formeln für bestimmte Fälle. Die Exemplifizierung *trägt* hier wesentlich *zum Verständnis bei*, wendet es nicht lediglich an. Bei einer (universalen) Einstellung stehen deren wesentliche Ausdrucksweisen also zunächst nebeneinander, gehen wenigstens keine, wie auch immer gearteten, *deduktiven* Verhältnisse ein.

Keinesfalls darf im übrigen eine lebensformbezogene Einstellung mit einer Art universeller *Empfindung*, einem *Lebensgefühl*, verwechselt werden. Einstellungen mögen sich auch in unseren Empfindungen ausdrücken. Dies ist jedoch ein Sonderfall, der etwa beim Gefühl moralischer Achtung vorliegen mag. Die Moralität insbesondere ist jedoch eine *praktische* Einstellung, d. h. sie äußert sich vor allem in *Handlungs*zusammenhängen, in unserer *Praxis* und ihrer Orientierung.

Die Situation, wie wir sie uns für die Moralität verstanden als (individuelle oder allgemeine) Einstellung vergegenwärtigt haben, muß in eine *sprachphilosophische* Perspektive eingebettet werden. Man kann versuchen – und dies geschieht allenthalben –, allgemeine Sätze zu finden, welche das für moralische Orientierungen

und Begründungen Typische hervorheben. In den Formen und Ausdrucksweisen, welche dabei eine Rolle spielen, ist etwa von der »Anerkennung der Person des Anderen« (als »Selbstzweck«), der »Überwindung der (eigenen) Subjektivität«, der »Unparteilichkeit« der Abwägung, der »Symmetrie« der praktischen Verhältnisse zwischen den Betroffenen oder den an einer moralischen Orientierung Beteiligten, einer »frei« gewonnenen, »nicht-strategischen« Übereinstimmung usf. die Rede. Es ist nicht leicht, der Suggestion zu widerstehen, mit diesen (höchst) *allgemeinen* Formeln lasse sich, gewissermaßen am *praktischen Ausdruck* der Moralität vorbei, das Wesen des moralischen Guten auf einer theoretischen Ebene definieren und erläutern und dann, terminologisch und deduktiv aufbauend, »begründend«, die Ethik als eine Art von Theorie entwickeln. Vor allem stellt sich diese Illusion bei Versuchen ein, in der *Kantianischen* Tradition dem Wort »allgemein« und seinem einschlägigen Umfeld eine wesentliche Rolle für das Verständnis von Moralität zuzutrauen.[5]
Wir müssen hier beachten, daß sich für die wesentlichen Termini in den moralphilosophischen Grundformeln genau jene Situation erneut herstellt, welche wir vielleicht mit solchen Formeln und Termini gerade zu vermeiden trachten. Auch das mit diesen Ausdrucksweisen Gemeinte ist nur aus einem praktischen Lebenszusammenhang heraus zu verstehen, in dem sich die besonderen Verhältnisse zwischen Personen, und zur eigenen Person, äußern, auf die es für das Ethische ankommt. – Aber auch das Umgekehrte gilt: Wir lernen die ethische Perspektive unserer Praxis besser verstehen, entwickeln unser moralisches Urteil, indem wir uns der moralphilosophischen Grundformeln als hilfreicher (der jeweiligen Situation und ihren Verständnisproblemen angemessener) Kommentare bedienen.
Die verschiedenen ethischen Formeln mögen dabei im übrigen auf bestimmte Fälle oder Aspekte, in denen sich das moralische Lebensverständnis äußert, *mehr oder weniger* gut gemünzt sein. Insofern stehen sie dann nicht nur *neben*einander, sondern gehören auch *zu*einander, ergänzen sich mit (in) ihrem begrenzten Sinn: Aus Prinzipien und Regeln, welche scheinbar Probleme der systematischen Ordnung, des deduktiven Aufbaus, der Gründung des einen auf das andere, stellen, können so sinnvolle Cha-

5 Vgl. meine Kritik einschlägiger Versuche oben S. 15 ff.

rakterisierungen verschiedener Äußerungen der Moralität werden.

Auch die sogenannten materialen Normen im engeren Sinn, z. B. solche der Grenzen, welche die Moral der Beeinträchtigung von Leib und Leben Anderer (der Menschen) setzt, sind ja häufig weder eine (logische) *Folge* noch eine bloße *Anwendung* der allgemeinen Unterscheidungen und Sätze der Ethik; vielmehr dienen sie der (semantischen) *Erläuterung* dessen, was die moralphilosophischen Formeln zum Ausdruck bringen sollen. Aus dieser grammatischen Situation erklärt sich auch die wichtige charakteristische Rolle, welche *Analogieschlüsse* in den praktischen Argumentationen spielen: Der Analogieschluß, oder doch eine seiner wesentlichen Varianten, ordnet ein Phänomen einem Gesichtspunkt unserer Orientierung zu, *weil andere,* »ähnliche«, *Erscheinungen* unseres praktischen Lebens grammatisch bereits in dieser Weise (ein)geordnet sind. In dieser Form wendet der Analogieschluß Paradigmen an, stellt Zusammengehöriges in dieselbe praktische und normative Umgebung.

Was wir die *formale* Seite des Ethischen nennen könnten, wird also in seinen Kennzeichnungen selbst *leer* (zu *tautologischen* terminologischen Rochaden), wenn die Sprache, in der wir darüber reden, keinen begrifflichen Sitz in einer praktischen Kultur (der ethischen Einstellung) hat. Und müßten wir dies, eine praktische Kultur der ethischen Einstellung, nicht eine »konkrete«, obzwar formale, »Sittlichkeit« nennen? – Das Gegenüber einer *materialen* ethischen Kultur – der konkreten *Sittlichkeit* – auf der einen Seite und eines *formalen* Rahmens der *Moralität,* welcher sich scheinbar allein auf *Regeln und Bedingungen der Beurteilung* gründen ließe, auf der anderen Seite, dies hat dann etwas von einer semantischen Illusion an sich. Das Verständnis der Moralität (ihrer praktischen Form) ist unausweichlich immer von bestimmten, wir könnten sagen, »materialen« Äußerungen der Moralität infiziert. (Mit einer schlichten Benennung beliebiger historisch gewordener Institutionen des gesellschaftlichen und rechtlichen Lebens als »Sittlichkeit« haben unsere Überlegungen allerdings nichts zu tun.)

Und doch, es läßt sich kaum bestreiten, daß dies ein deutlicher, wohletablierter Unterschied ist: die *bestimmten ethischen* oder, allgemeiner, *normativen Probleme* einerseits, die bestimmten Versuche, hier eine Antwort zu entwickeln – und andererseits

Fragen und Beurteilungen der dabei eingegangenen (allgemeineren) Weisen des *Vorgehens* oder auch der *Bedingungen*, unter denen dieses Vorgehen steht: Wir sehen vor uns die Begründungen (bestimmte Begründungen!) und – unterscheidbar – die Verfahren und Bedingungen, welche sie für uns als solche, als Begründungen qualifizieren. Offensichtlich sind allerdings die (praktischen) Tatsachen, welche *jeweils* die Kennzeichnung einer Rede oder Geste als »Begründung«, »Rechtfertigung«, »moralische Argumentation« tragen, von Fall zu Fall immer wieder andere; wenn sie uns auch in einer typischen Gliederung entgegentreten.
Ob in einer Begründungssituation insbesondere Verfahren, Probleme und Ergebnisse in einem angemessenen Verständnis zusammenpassen (von einem angemessenen Verständnis zeugen), ob etwa bestimmte (typische) technische, empirische oder moralische Argumentations*weisen* der gegebenen grammatischen Umgebung entsprechen – all das werden wir sozusagen »lokal« beurteilen müssen. Und wir können dies mehr oder minder gut (tun), als mehr oder minder mit der einschlägigen grammatischen *Urteilskraft* Versehene nämlich, als in den *begrifflichen* Differenzierungen der wesentlichen Rechtfertigungssituationen *Erfahrene*. So, über lokale Unangemessenheiten nämlich, sind wir auch mit den üblichen *Reduktionen* der Überlegungssituation, den »Halbierungen« der praktischen Vernunft[6], vertraut.
Wenn wir nun das grammatische Verständnis der Situation, etwa das gewählte Begründungs*verfahren, im gegebenen Falle* in Zweifel ziehen, *in diesem* (arglosen) *Sinne* also den Begründungs*begriff* zum Thema machen, dann führt uns dies ebenfalls im Normalfall nicht aus den *lokalen* Verhältnissen heraus. Vielmehr kann die begriffliche Erwägung auch hier ihre Schärfe, ihre *Genauigkeit* nur dann erhalten, wenn die typische Problemlage, zu welcher sie gehört, gegenwärtig bleibt.
Was haben wir nun von den verschiedenen Ansätzen zum Verständnis moralischer Rechtfertigung zu halten, insbesondere von denjenigen darunter, welche der Moralität überhaupt eine allgemeine Verbindlichkeit (in unseren Verhältnissen) bestreiten? Damit kehren wir zum ersten Teil dieser Überlegungen zurück:

6 Die Formulierung greift zurück auf J. Habermas, »Gegen einen positivistisch halbierten Rationalismus«, in: Th. W. Adorno u. a.: *Der Positivismusstreit in der deutschen Soziologie* (Neuwied, Berlin 1969, [11]1984), 235-266.

Das Moralische ist ein Teil unserer *gemeinsamen* Lebensform, eingearbeitet insbesondere in die sprachlichen Institutionen, mit denen unser Lebensverständnis, *öffentlich* und in diesem Sinne *allgemein,* arbeitet, in denen insbesondere es sich äußert. Dies ist (bedeutet) ihre (unbestreitbare) Verbindlichkeit *für uns,* und sich ihr, dieser Verbindlichkeit, mit oder ohne eine moralphilosophische Theorie, zu entziehen, käme einer Art grammatischem Aussteigertum gleich. Hier gäbe es dann nicht neue Antworten und neue Fragen, sondern nur jene Form der Verworrenheit, in der unsere Fragen unverständlich werden, ihren Sitz in unseren bestimmten Denkverhältnissen verlieren, ohne damit schon einen neuen zu gewinnen.

Die verschiedenen »Ansätze« der Moralphilosophie mögen ihren begrenzten Sinn darin haben, daß sie auf verschiedene Seiten oder Teile der verzweigten Grammatik unserer Rechtfertigungspraxis aufmerksam machen. Als konkurrierende *Grundlegungen* (Grundlegungssysteme) oder als Angebote zur (subjektiven) *Auswahl* dürfen wir sie, bei einem angemessenen Verständnis (der Sprache) der Moralität, nicht verstehen.

Ist der öffentliche Zustand unserer Verständnisse, die Allgemeinheit, auf die wir uns hier berufen, selbstverständlich? Was selbst verständlich ist, muß *uns* selbstverständlich sein. Die Unterscheidung zwischen dem Selbstverständlichen und dem, was anders sein könnte, steht selbst auf dem Boden unserer sprachlichen und darüber hinaus praktischen Formen.

Wird damit das ethische Lebensverständnis nicht gebunden an die praktische und sprachliche Form, die moralischen Institutionen *unserer Kultur*? Und stellt sich zugleich, mit dieser, als eine *relative historische* Erscheinung dar? Wie kritisieren wir diese dann? – Nun, wir sehen, wo, in welchen Situationen, unsere Verständnisse jeweils unangemessen sind.

Auf einem Standpunkt *außerhalb* jeder gemeinsamen praktischen Kultur lassen sich also hier Frage wie Antwort nicht ansiedeln. Der Sinn beider und die darin liegenden Verständnisse von *Kritik* und *Rechtfertigung,* dies alles ist Teil unserer Grammatik einer moralisch gefaßten Rationalität. – Hier haben wir dann wieder die schon im ersten Teil unserer Überlegungen gegebene »Antwort« auf die »große«, die *kulturrelativistische* Frage: Diese Frage löst sich eben bei einer grammatisch strengen Betrachtung der Dinge auf.

II. Untersuchungen im Umkreis der philosophischen Anthropologie

Zur grammatischen Unmöglichkeit einer evolutionstheoretischen Erklärung der humanen Welt

Wir nennen es einen *grammatischen* im Unterschied zu einem *orthographischen* Fehler, wenn jemand eine Präposition oder das Objekt eines Verbs nicht mit dem richtigen Fall konstruiert, die Tempora beim Erzählen durcheinanderbringt und dergleichen mehr. Wo die *Philosophie* seit einigen Jahrzehnten, angeregt durch Wittgenstein, von grammatischen Fehlern spricht, hat sie anderes im Sinn als fehlerhafte Sätze von der Art »Ich hatte der Gustav gesehen, bevor ihm tot ist«. In den Untersuchungen, die in der Philosophie *grammatische* heißen, geht es um Fehler im *Gebrauch* und im Verständnis von Sätzen, die wir selbst dann machen, wenn diese Sätze im normalen, schulgrammatischen Sinne wohlgebildet sind. Ja, gerade die Möglichkeiten, welche die Schulgrammatik für den Aufbau von Sätzen zuläßt und bereithält, können uns, was den *Sinn* der so komponierten Sätze angeht, in die Irre führen.

Ein klassisches, vielfach durchgearbeitetes Beispiel sind Sätze und Problemlagen, die sich mit den Worten »sein«, »existieren« und ihren Variationen bei der Konjugation verbinden. In üblichen grammatischen Beschreibungen erscheinen etwa die beiden Sätze

»Peter raucht«,
»Peter existiert«

von gleicher elementarer Struktur, nämlich aus Subjekt und Prädikat, Substantiv und Verb, Eigenname und Begriffswort zusammengesetzt.

Ist aber *zu existieren* in ähnlicher Weise eine Eigenschaft, die Peter zukommt, ein Begriff, unter den Peter – im Unterschied etwa zu nichtexistierenden Personen oder Gegenständen – fällt, wie, daß Peter zu den Rauchern zu zählen ist? Vielleicht ein überaus allgemeines Prädikat, das gewissermaßen alles, was es *in der Welt* in einem geläufigen Sinne *gibt*, umfaßt? Ist dann allerdings nicht auch die *Nichtexistenz* eine ebenso allgemeine Eigenschaft, die alles dasjenige, was *nicht* »in der Wirklichkeit gegenwärtig« ist, mit grammatischer Notwendigkeit hat? Denn auch der Eigenschaft des Rauchers tritt ja, wie es scheint, die des Nichtrauchers gegenüber. Wenn wir dann gar die Unterscheidung zwischen Existierendem und Nichtexistierendem als Ausdruck einer Grenzziehung in der wirklichen Welt auffassen, so muß, scheint es, auch das Nichtexistierende existieren.

Sobald wir, getragen von den Flügeln der normalen Grammatik, mit unseren Gedanken so weit abgehoben haben, wie es diese (mit einem historischen Hintergrund) fingierten Überlegungen illustrieren, ist das Bedenken einsichtig, ob sich solche Windungen des Geistes nicht eher aus grammatikbedingten Mißverständnissen ergeben, ob die Existenz denn wirklich, wie Kant die erlösende Frage formuliert, ein *reales* Prädikat ist, obwohl sie, unbestritten, als *grammatisches* Prädikat auftritt.

Es gibt in der Tat Möglichkeiten zu prüfen, ob sich hinter der oberflächlichen grammatischen Ähnlichkeit der Sätze »Peter raucht«, »Peter existiert« eine Verschiedenheit ihres Gebrauches verbirgt, die hier wesentlich wird: Wir können etwa beide Sätze anderen Sätzen gegenüberstellen, die sich, zumindest für uns bekannte Gebrauchsfelder, äquivalent verwenden lassen. Ich will sie *Rekonstruktionen* und *Analysen* der untersuchten Sätze nennen, und zur Rekonstruktion gehört hier eben nicht nur der gewissermaßen »nackte« Satz, sondern auch das Gebrauchswissen, das wir über ihn haben. Wir sagen dann üblicherweise, daß ein Satz seine Rekonstruktion bedeutet oder die Rekonstruktion ihn analysiert. In diesem Sinne werden wir uns einigen können, daß »Peter existiert«, als Antwort etwa auf die Skepsis des Richters gegenüber dem großen Unbekannten, bedeuten mag »*Es gibt* (im relevanten Kontext) eine Person, die ›Peter‹ heißt«. Und ohne Mühe erkennen wir, daß uns derartiges, eine derartige Substitution, für »Peter raucht« nicht ohne weiteres verfügbar ist. Eher mag hier »Peter *ist* (ein) Raucher« als eine vorderhand befriedigende Rekonstruktion gelten. – Die schulgrammatischen Satzstrukturen, so sehen wir jedenfalls, sind nicht, oder doch in vielen Fällen nicht, Spiegelbilder der Gebrauchsverwandtschaften und -differenzen unserer Sätze. Für unsere Überlegungen zugleich einfacher und einschlägiger sind Fälle, in denen das grammatisch Mögliche und das nach unseren Gebrauchsverständnissen der Sätze Sinnvolle so offensichtlich auseinandertreten, daß mühevolle Analysen ganz unnötig sind. So stutzen wir alle bei Bildungen wie »Rot ist höher als Grün« (ein Wittgensteinsches Beispiel)[1], obwohl uns das ähnliche »Rot ist freundlicher als Grün« keine Verständnisschwierigkeiten bereitet. Farben, so möchten wir sagen, sind, als solche, in unserer Wahrnehmung und der damit verwobenen sprachlichen Gliederung nicht räumlich geordnet. Natürlich könnte jemand die uns geläufigen Anordnungen der Farben auf einer Hell-Dunkel-Skala mit den Worten »tiefer« und »höher« ausdrücken. Insofern bezieht sich hier unser Urteil, daß an dem oberflächengrammatisch möglichen Satz »Rot ist höher als Grün« etwas merkwürdig ist, auf die Tatsachen einer bestimmten Sprachfamilie.

Die Schulgrammatik gestattet es, sehen wir, Sätze aus Worten zu bilden, welche nach ihren gewöhnlichen und sinnvollen Gebrauchskontexten nicht zueinander passen, so, also, wenn wir das Vokabular räumlicher Anordnung in eine verbale Umgebung einbringen, die nicht auf Gegenstände im Raum bezogen ist, und dies, ohne daß wir etwa metaphorisch sprechen oder vor den Besonderheiten dichterischer Rede stehen. Denn den mit Gedichten Trakls Vertrauten überraschen Farbworte in ganz ungewöhnlichen Satzverbindungen nicht.

Was ich bisher auf Sätze bezogen habe, gilt entsprechend auch für ganze Texte: Texte können gewissermaßen Satz für Satz wohlgebildet sein, wohlgebildet nach den Regeln der Schulgrammatik (auch nach denen einer rein satzbezogenen *logischen* Grammatik); und gleichwohl können ihre Bestandteile (die sprachlichen Bestandteile der Texte) verschiedenen, nicht zueinander passenden Gebrauchssituationen entstammen, kurz, in ihrer Zusammenstellung grammatisch, in einem philosophischen Sinne, unmöglich sein. – Bevor wir dies auf Texte, welche die Geschichte der Natur und des Menschen erzählen oder erklären wollen, beziehen, möchte ich unsere Wahrnehmung mit einem einfacheren Beispiel schärfen, das ich einem polemischen Text von G. Frege entnehme, nämlich dem nachgelassenen, inzwischen publizierten Vorlesungsmanuskript über »Logik in der Mathematik« aus dem Jahre 1914[2]:

Frege bezieht sich darin auf eine Definition des Mathematikers

1 L. Wittgenstein: »Some Remarks on Logical Form«, in: *Proceedings of the Aristotelian Society* 9 (1929), 162-171; das Beispiel gleich zu Beginn.
2 Erschienen in G. Frege: *Nachgelassene Schriften*, hg. von H. Hermes

Weierstrass, die er kurz so zitiert: »Zahl ist eine Reihe gleichartiger Dinge« (S. 232). Frege geht ferner davon aus, daß seine Leser mit der gängigen Rede von Zahlen wie mit dem dazu gehörenden Gebrauch von Ziffern, Rechensymbolen usf. vertraut sind. Der genannte Satz von Weierstrass soll ja, so läßt sich unterstellen, das, was wir alle wissen, in einer zutreffenden Bemerkung zusammenfassen.

Frege verwendet nun den genannten Satz und ähnliche Sätze von Weierstrass als eine Art sprachliches Gelenk zwischen den uns vertrauten Sätzen und Texten der Rede von Zahlen und einem Text, der sich an ein wörtliches oder genaues Verständnis der Weierstrass'schen Sätze zwanglos, wenn auch überaus merkwürdig klingend, anschließen läßt; in der Absicht, nachzuweisen, daß Formulierungen von Weierstrass wie die eben zitierte genau auch gar nicht genommen werden können, falls dies aber nicht, dann als unbestimmte Rede schließlich für die Arithmetik und ihr Verständnis ganz überflüssig und allenfalls irreführend sind.

Frege beginnt mit einem Versuch, den Erklärungen von Weierstrass einen Sitz in der elementaren Rechenpraxis zu geben, in der Multiplikation etwa: »Eigentlich muß man doch gespannt darauf sein«, sagt er a.a.O., S. 234 f., »wie die *Multiplikation* der weierstrass'schen Zahlen geschieht. Neben meinem Fenster steht ein Bücherbord; auf dessen oberstem Brette befindet sich eine Reihe gleichartiger Dinge, eine Zahl. Heute nachmittag ungefähr um 5^{h} 15^{m} kommt ein D-Zug aus Berlin auf dem Saalbahnhof an, ebenfalls eine Zahl. Nach einer weitverbreiteten Meinung erhält man durch Multiplikation einer Zahl mit einer Zahl wieder eine Zahl. Danach müßte man durch Multiplikation jener Bücherreihe mit diesem D-Zug wieder eine Reihe gleichartiger Dinge erhalten. Wie machen wir das nun?«

Nach einigen Zwischenbemerkungen zitiert Frege zwei Erläuterungen von Weierstrass zur Multiplikation: »Nun kann man den Begriff ›Größe‹ selbst als Einheit betrachten und wiederholt setzen, z. B. b, b, b, ...« und »Nun gibt es eine Größe, welche alle diese b enthält. Wenn b a-mal vorkommt, so bezeichnen wir mit a x b die Summe, die aus a Summanden b besteht.«

u. a. (Hamburg [2]1982), 219-270. Die Seitenangaben im folgenden beziehen sich auf diese Edition.

»So« – fährt Frege S. 236 in seiner Polemik fort – »müssen wir die Sache auch hier denken. Den heute nachmittag hier ungefähr um 5^h 15^m eintreffenden D-Zug aus Berlin bezeichnen wir mit b. b ist eine Zahlengröße. Wir setzen diese Zahlengröße wiederholt. Dadurch erhalten wir eine Reihe von D-Zügen b. Nun gibt es eine Zahlengröße, welche alle diese D-Züge b enthält. Wirklich? Diese wird auch wohl wieder ein Zug sein; aber wo hält er? Der D-Zug b kommt nun in diesem mehrmals vor. Wenn er a-mal vorkommt, so bezeichnen wir mit a x b die Summe, welche aus a Summanden b besteht. Von dieser Summe ist noch gar nicht die Rede gewesen. Wahrscheinlich ist es die Zahlengröße, welche alle diese durch Setzung gewonnenen D-Züge enthält; und diese Zahlengröße wird vermutlich selbst ein Eisenbahnzug sein. Wissen wir nun, was a x b ist? a ist doch auch eine Zahlengröße; und wir wollten gerne wissen, wie wir den D-Zug mit der obersten Bücherreihe meines am Fenster stehenden Bücherbordes multiplizieren. Wir wollen also diese Bücherreihe a nennen. Aber was ist dann unter a-mal zu verstehen? [...] Wer hätte gedacht, daß das Multiplizieren so schwierig wäre! Und das sollen neunjährige Kinder leisten.«

Ich denke, daß Freges Karikatur der Weierstrass'schen Bemühungen, uns zu sagen, was Zahlen und arithmetische Größen sind, für sich selbst sprechen kann. Was sehen wir? – Wir sehen: Ein Text, der, wörtlich genommen, Zahlen schlicht als Reihen konkreter wahrnehmbarer Dinge (wie Bücher, Eisenbahnwagen usf.) behandelt, paßt grammatisch weder zu den uns geläufigen arithmetischen Texten, in denen Zahlen eher als etwas Abstraktes betrachtet werden, noch auch zum rechnenden Umgang mit arithmetischen Symbolen, wie ihn bereits neunjährige Kinder im allgemeinen beherrschen. Wir können also, heißt das, zwischen den von Frege kritisierten Sätzen samt ihrem wörtlich verstandenen Gebrauch – und dem uns vertrauten korrekten Satzgebrauch der elementaren Arithmetik kein sinnvolles sprachliches Kontinuum herstellen.

Freges Zersetzung des nicht richtig gebildeten Textes von Weierstrass macht, so hoffe ich, paradigmatisch und überdeutlich einsichtig, was die grammatischen Analysen der Logik und Philosophie von den schulgrammatischen Auskünften unterscheidet. Ich möchte im Folgenden nun, entsprechend auch dem Titel meiner Überlegungen, die Worte »Grammatik« und »grammatisch« nur

noch auf Sachverhalte und Verfahren beziehen, in die wir uns auf die illustrierte Weise durch Frege und, obzwar anders geartet, Wittgenstein einüben lassen können.
Die grammatische Irritation, ja Absurdität des von Frege in polemischer Absicht konstruierten Textes läßt sich dann kurz auch so erklären: Der Text verwischt die Grenze, welche zwei Arten von Gegenständen unserer Rede, nämlich die Konkreta und die Abstrakta, grammatisch trennt. Er wählt die Grammatik der Konkreta als *Einheits*grammatik auch für unsere Rede von (zahlentheoretischen) Abstrakta.
Wir müssen den Fehler, der in der Verwendung einer einheitlichen Grammatik für grammatisch verschiedene Gegenstandsbereiche besteht, unterscheiden von dem besonderen grammatischen Zusammenhang, den die grammatisch unterscheidbaren sprachlichen Phänomene in unserer Lebenspraxis eingehen: Wir treiben Arithmetik, benutzen dazu konkrete Marken (Rechensteine, Zeichenfiguren und dgl.), begründen rechnend Beziehungen zwischen Abstrakta und wenden dies an auf den Umgang mit Konkreta, die nicht in der arithmetischen Tätigkeit selbst ihren Platz haben. (Tatsächlich können wir in diesem Falle sagen, daß die Grammatik des Umgangs mit Konkreta die Grammatik abstrakter arithmetischer Rede »trägt«.)

Wir kennen andere Fälle mit einer ähnlichen Problemlage, und zwar insbesondere Fälle, die für eine Beurteilung evolutionstheoretischer Texte wesentlich sind: etwa die grammatischen Differenzen im sprachlichen Umgang mit natürlichen und physikalischen Objekten auf der einen Seite, mit wahrnehmungsfähigen Lebewesen, schließlich mit handlungs- und verantwortungsfähigen Personen auf der anderen Seite – und den Physikalismus oder einen kybernetisch (technisch) orientierten Funktionalismus als grammatisch undifferenzierte Einheitssprachen. Der Mensch ist mehr, sagen wir dagegen dann etwa, als die Summe der physikalischen und chemischen oder der technischen Aussagen über seinen Körper und dessen Veränderungen und Bewegungen.
Wie kontrollieren wir grammatische Fehler? Wie sehen wir, daß ein einheitlicher grammatischer Rahmen sich über notwendige Differenzierungen hinwegsetzt? Könnte nicht, im Einzelfall oder überhaupt, eine einheitliche Grammatik die angemessenere sein? – Letztlich bleibt hier nur eine Möglichkeit, nämlich der Rück-

gang auf unsere Vertrautheit mit der Sprache, in der wir die Unterschiede, auf die hier zu verweisen ist, bereits, und zwar für Verständnis und Führung unseres Lebens sinnvoll, machen.
Die uns vertrauten grammatischen Grenzen, welche den Gebrauch unserer Sprache bestimmen, und die damit zusammenhängende Gliederung unserer Welt, unseres Lebensverständnisses, bestimmen nun zugleich, was wir als *Modifikationen* (schließlich auch Variationen und Selektionen) gewisser Phänomene oder Gegenstände und damit auch, was wir als Entwicklungen begreifen können; wenn anders wir das Wort »Entwicklung« – im Umkreis der Evolutionstheorien – auf Veränderungen beziehen, die sich allmählich und ohne Einwirkungen von außen, »von selbst« also, wie wir sagen, aus einer Anfangssituation und wohldefinierten Rahmenbedingungen ihrer Veränderung ergeben, eben *evolutionär* »entwickeln«. Entwicklungen in diesem Sinne können die Grammatik, in der die Anfangssituation und die Prinzipien ihrer Veränderung beschrieben werden, nicht verlassen. Von physikalischen und chemischen Zuständen und Ereignissen führt, weil kein sprachlicher, so auch kein evolutionärer naturgeschichtlicher Weg zur Weltwahrnehmung oder gar zu in moralischen Termini beschriebenen Situationen; wie es grammatisch unmöglich ist, daß sich aus Zuständen oder Agglomerationen konkreter Objekte des von Frege exemplifizierten Typs abstrakte arithmetische Tatsachen entwickeln. Wohl gibt es andererseits nicht bereits grammatische Einwände dagegen, daß Ereignisse oder Ergebnisse einer bestimmten Entwicklung von einem bestimmten Stadium an *begleitet* sind durch Geschehnisse, welche jenseits der grammatischen Grenze dieser Entwicklung liegen. Ein Beispiel dafür wäre etwa das Auftreten sprachlicher Zeugnisse parallel zu einer bestimmten Größe und Ausdifferenzierung des (menschlichen) Gehirns.
Die grammatisch neue Situation kann aus dem, was ihr vorausgeht, dann auch nicht erklärt oder verstanden werden. Zu ihren Ursprüngen kann man sich nur historisch *erzählend* im engeren Sinne verhalten, auch wenn sie, diese Ursprünge, der Ausgangspunkt neuer Entwicklungen werden, Entwicklungen, welche dann durchgängig eine *grammatisch reichhaltigere* Beschreibung verlangen. So ermöglicht Sprache neue Formen der Kooperation und Spezialisierung, welche dem Menschen auf dieser Erde überlegene Möglichkeiten, in seiner Umgebung zu überleben, sichern

mögen; wenn wir für den Moment von den offensichtlichen Schwierigkeiten der Menschen, der selbst geschaffenen Umgebung Herr zu werden, absehen. – Ein »Schritt«, der einen grammatischen Wechsel (einen Bruch in) der Beschreibungssprache zur Folge hat, ist also, um es noch einmal zu wiederholen, kein Schritt *innerhalb* einer Entwicklung, sondern ein ihr gegenüber neues Ereignis oder Geschehen, über welches sich lediglich berichten läßt.

Bereits grammatisch problematisch sind nach dem Gesagten z. B. Sätze der Art, daß sich menschenähnliches Leben überall dort entwickelt, wo die physikalischen und chemischen Anfangs- und Rahmenbedingungen ähnlich denen zu Beginn der Erdgeschichte sind. Denn über die entsprechenden Ereignisse, das Auftreten des Menschen, auf der Erde können wir nur schlicht berichten, genauer sogar nur historische Vermutungen auf der Basis gedeuteter Spuren äußern, Vermutungen, die sprachlich die *narrative* Form bewahren. Wollten wir uns mit *allgemeinen* Hypothesen gewissermaßen außerhalb des Rahmens der irdischen Naturgeschichte aufstellen, so müßten wir gerade über die Kenntnis von Entwicklungsmechanismen verfügen, welche die grammatische Grenze zwischen physikalischen und humanen Ereignissen überwinden; denn physikalisch unterstellen wir im Kosmos in der Tat überall gleiche Bedingungen. Oder wir müßten über Erfahrungen mit weiteren Evolutionen verfügen. Beides ist uns jedoch, das zweite vielleicht nur einstweilen, unmöglich, ganz abgesehen davon, daß bereits molekularbiologische Gründe für die Einmaligkeit des Geschehens auf der Erde sprechen.

Eine Darstellung der sogenannten Evolution, die an den grammatisch wesentlichen Stellen schlicht den unerklärlichen Übergang zu neuen Entwicklungen *berichtet*, uns also *erzählt*, wann was gewesen und geworden, nicht woraus und wodurch es gewesen und geworden ist, bleibt der von mir vorgetragenen grammatischen Kritik entzogen. Sie mag dann im übrigen auch innerhalb der einzelnen Abschnitte der Evolution vielerlei Erklärungen für das Überleben und Zugrundegehen von Erscheinungen benutzen. Das Wort »Evolutions*theorie*« wird allerdings meistens mit dem Anspruch einer *universellen*, die grammatischen Grenzen innerhalb unserer gegliederten Lebenswelt homogenisierenden Mechanik der Entwicklung gebraucht. Und diese Entwicklungsmechanik soll uns dann ein durchgängiges systematisches Verständnis dessen ermöglichen, wie die uns vertraute irdische Welt entstanden ist, von einfachen physikalischen Objekten und Phänomenen, über die Differenzierung der Arten des Lebendigen bis hin zum Auftreten des Menschen und der von ihm getragenen kulturellen Erscheinungen.

Lassen Sie mich eine Zwischenbetrachtung zu der Frage anstellen, ob nicht wenigstens alle in der Naturgeschichte, bis hin zu einer Naturgeschichte des Menschen, dauerhaft entstandenen Differenzierungen durch *darwinistisch* verstandene Selektion aus ereignishaft und im einzelnen unerklärt auftretenden neuen Erscheinungen erklärt werden können. Der darwinistische Sprachrahmen läßt es zunächst ja zu, daß *grammatische* Schwellenereignisse ähnlich behandelt werden wie Mutationen *innerhalb* eines grammatisch begrenzten Entwicklungsabschnittes. Kann der Darwinismus als eine Theorie verstanden werden, welche in diesem Sinne die Ausdifferenzierung allen Lebens erklärt? Muß es nicht so sein? Denn schließlich lassen sich doch dicke Bücher mit Beispielen aus Naturgeschichte und Gegenwart füllen, die den Darwinismus als eine ebenso allgemein anwendbare wie gut bestätigte Erklärungshypothese erscheinen lassen.

Auch hier ist jedoch grammatische Vorsicht geraten, weil man nämlich leicht sehen kann, daß eine so genannte darwinistische Erklärung an praktisch jede andere Erklärung für Unterschiede im Bestehen und Vergehen von Erscheinungen durch einige, ganz schlichte, definitorische Schritte angehängt werden kann. Allen spezifischen Erklärungen läßt sich daher sprachlich ein darwinistisches Gewand geben; was heißt, daß die universelle darwinistische Erklärungshypothese keine Erklärung in Konkurrenz etwa zu anderen Erklärungen ist, sondern, mit Wittgensteins Bild, als fünftes, empirisch gehaltloses, Rad am Wagen sonstiger Erklärungen mitläuft.

Wie sieht die definitorische Strategie aus, mit der dieser Schein bewerkstelligt werden kann? – Wir gehen von einer Situation aus, in der, woher auch immer, neue Erscheinungen auftreten und alte sowohl als auch neue Erscheinungen »bestehen und vergehen«. Ferner unterstellen wir, daß im Einzelfall spezifische Gründe oder Ursachen bekannt sein mögen, welche für das Fortbestehen (»Überleben«) oder das Untergehen verantwortlich gemacht werden können oder wenigstens (respektive) förderlich sind. Wir wollen jetzt solche erklärenden Umstände nur anders *benennen*, sie nämlich als *Umweltbedingungen* bezeichnen und von ihnen überdies *sagen*, daß sie, diese *Umweltbedingungen*, bezüglich Bestehen und Vergehen *selegieren*. Es liegt dann weiter nahe, Erscheinungen *angepaßt* zu nennen, insofern für sie bestehensförderliche Umweltbedingungen gelten. Definitionsgemäß führen, ceteris paribus, bestehensförderliche Umweltbedingungen in höherem Maße zum Fortbestehen der entsprechenden Erscheinungen. Damit gilt dann, ebenfalls definitionsgemäß, daß angepaßte Erscheinungen in höherem Maße fortbestehen als nicht angepaßte. (Natürlich können wir dieses definitorische Theater auch mit der Rede von »*mehr* oder *minder* angepaßten« Erscheinungen aufführen.) Das Ganze läßt sich nun sehr mißverständlich auch so ausdrücken, daß die Anpassung der angepaßten Erscheinungen »die Ursache« ihres Fortbestehens (in höherem Maße) ist, also, wiederum nur kurz anders formuliert, hier Selektion durch Anpassung geschieht. Und wir sehen: Dieser Kommentar läßt sich aufgrund allein der getroffenen Wortgebrauchsfestlegungen an jede Situation anschließen, in der es überhaupt Erklärungen, welche auch immer, gibt, die für das Bestehen und das Vergehen von Erscheinungen einen Unterschied machen.

Vielleicht läßt ein Beispiel die Sache noch deutlicher werden: Nehmen wir an, das Bestehen und Vergehen von Büchern hänge in einer bestimmten Situation davon ab, ob ihr Inhalt den Mächtigen gefällt. Es ist dann auf Grund der erläuterten Definitionen keine neue Einsicht, sondern *nur eine andere Ausdrucksweise*, wenn wir dies, überaus mißverständlich natürlich, so ausdrücken, daß die Anpassung der wohlgefälligen Bücher an die (politischen) Umweltbedingungen ihnen einen Selektionsvorteil verschafft. – Nehmen wir nun andererseits an, daß, was eher ungewöhnlich ist, ein disputinteressierter Machthaber die Publikation vor allem jener Bücher fördert, die ihm kritisch gegenüberstehen. Auch in diesem Falle können wir davon reden, daß hier die Kritik publizistisch überlebt, und natürlich wiederum, ebenfalls definitionsbedingt, weil ihr die Angepaßtheit einen Selektionsvorteil verschafft. – Und auch, das dürfte nun ohne nochmalige Ausführung offenbar sein, der Fall der weißen Falter, die auf Birkenrinde weniger gefressen werden als ihre dunkler gefärbten Artgenossen, gehört, sprachanalytisch betrachtet, in diese Beispielreihe.

(Die hier vorgetragene Kritik ist verwandt mit dem Tautologievorwurf, der häufig, ebenfalls zu Recht, unter der Formel »the survival of the survivors« erhoben wird; läßt aber, so hoffe ich, das Leerlaufen universeller, darwinistischer Erklärungsansprüche ebenso wie ihre scheinhafte Plausibilität deutlicher hervortreten.)

Es ist im allgemeinen, wie etwa bei der Bücherverbrennung, kein Zufall, daß Dinge bestehen und vergehen. Es gibt dafür in aller Regel vielfältige Erklärungen. Nicht mehr als diese »Einsicht«, wenn wir sie so nennen wollen, und nicht etwa eine neuartige universelle Erklärung, ist es, was die darwinistische Ausdrucksweise voraussetzt und transportiert. Und wir sehen im übrigen, daß diese Einsicht nicht einmal besonders auf die *Naturgeschichte* bezogen ist. Auch der technische und politische Alltag zeigt sie uns allenthalben, zeigt uns, daß es für das Bestehen und Vergehen häufig Erklärungen, vielfältiger Art, gibt. – Der Darwinismus-Streit geht also, recht verstanden, um die Erklärbarkeit der Naturgeschichte, nicht um eine bestimmte, universelle, darwinistische Erklärung.

Will sich eine einheitliche und universelle Evolutionstheorie gegen den Einwand ihrer grammatischen Unmöglichkeit immunisieren, so kann ihr dies nur über einen wissenschaftlichen Schein gelingen. Sie hat dazu drei Möglichkeiten: Sie kann *erstens* eine einheitliche Beschreibungssprache auf der Basis physikalistischer Vorstellungen postulieren, d. h. behaupten, daß sich die grammatischen Schwellen innerhalb der Entwicklung auf der Erde *definitorisch* beseitigen lassen. – Sie kann *zweitens* die gegenüber physikalischen Beschreibungen widerständigen Ereignisse nicht beachten, sich etwa auf physiologisch beschreibbare Entwicklungsschritte beschränken und Wahrnehmung, Sprache, kooperatives Handeln, ästhetische, politische oder religiöse Kultur als Begleiterscheinungen oder Oberflächenphänomene behandeln. – Sie kann *schließlich* eine *mehrdeutige* Sprache verwenden, insbesondere zwischen ursprünglichen und metaphorischen Wortbedeutungen nicht trennen, so daß grammatisch inhomogene Texte an der verbalen Oberfläche nicht als solche erscheinen. – Wer die evolutionstheoretische Literatur aufmerksam durchliest, wird für alle drei Varianten eines Abdrängens der grammatischen Probleme Beispiele finden. Ich will einige Bemerkungen zur ersten und, weiter unten (S. 75 ff.) folgend, zur dritten Strategie anschließen.

Ihre *definitorischen* Stützen bezieht eine universelle Evolutionstheorie bereits aus den in der Biologie üblichen Begriffen oder doch wenigstens Kriterien des Lebens. Ein aktueller Katalog würde hier etwa *Stoffwechsel, Selbstreproduktion* (oder *Vermehrung*) und *Mutation* nennen. Diese und ähnliche Kriterien lassen sich so präzisieren, daß sie für molekulare Prozesse und Strukturen ebenso wie für technische Systeme, etwa die zeichengesteuerte Zeichenproduktion, verwendet werden können. Die Molekularbiologie ist nun unbestritten eine physikalisch-chemisch orientierte Disziplin, eine molekularbiologische Evolutionstheorie, wie sie das Kernstück etwa der Untersuchungen von Manfred Eigen darstellt, daher ebenfalls in einer physikalisch-chemischen Grammatik angesiedelt. Dies ist natürlich überhaupt nicht zu beanstanden, soweit es lediglich darum geht, die Entwicklung der molekularbiologischen Basis des Lebens als einen Prozeß zu verstehen, der sich aus einer physikalisch-chemisch definierten Anfangssituation »von selbst«, also ohne einen planenden und handelnden Eingriff von außen, vollzieht.

Die Formulierung »soweit es lediglich darum geht« ist hier im Blick auf das Auftreten wahrnehmungs- und vernunftbegabter Lebewesen zu verstehen. Für sich genommen, handelt es sich bei den molekularbiologischen Entwicklungstheorien und Experimententwürfen um höchst ingeniöse Überlegungen, wie überhaupt die Molekularbiologie neben der Mikroelektronik zu den Schwellendisziplinen einer neuen Stufe unseres naturwissenschaftlichen und technischen Wissens zu zählen ist und in einer zukünftigen Wissenschaftsgeschichtsschreibung zu Recht einen Platz neben solchen Erscheinungen wie der Mechanik des achtzehnten und der Elektrodynamik des neunzehnten Jahrhunderts einnehmen dürfte.

Die in der Sprache der Physik und Chemie gewinnbaren molekularbiologischen Verständnisse des Lebens reichen allerdings allenfalls bis in den Bereich des *vegetativen* Lebens. Das *sensitive* und *rationale* Leben, im Sinne der alten Aristotelischen Dreiteilung, liegt dagegen jenseits grammatischer Schwellen, die molekularbiologisch (mit der molekularbiologischen Sprache) überschritten werden könnten. Diese Situation wird vor allem dadurch immer wieder einmal verschleiert, daß die Struktur des Gehirns und der in ihm ablaufenden Prozesse einer rein physikalischen Beschreibung zugänglich ist (natürlich nur, solange nicht auf die begleitenden Wahrnehmungs- und Sprachfähigkeiten Bezug genommen wird). Es ist daher durchaus eine Fortsetzung molekularbiologischer Entwicklungsthesen so denkbar, daß Strukturen des menschlichen Gehirns als Ergebnis von Entwicklungen erklärt werden, die sich in einem grammatischen Kontinuum vollziehen: »vom Molekül zum Gehirn«, um eine Formulierung von Wuketits zu variieren. Die variierte Formel von Wuketits heißt allerdings ursprünglich »vom Molekül zum *Denken*«[3] und ist in dieser Form jedenfalls dann grammatischer Unfug, wenn sie mehr sein soll als eine Überschrift über allerlei Erklärungen und Erzählungen der Naturhistoriker, Biologen und Anthropologen, nämlich, wenn sie gerade das Programm einer *universellen* Evolutionstheorie kennzeichnen soll.

Daß Wesen, die ein hinreichend großes und differenziertes Gehirn besitzen, zugleich von einer bestimmten Stufe an mit Wahrnehmung, planvollem Handeln und Sprache ausgestattet sind, wie wir ihren Spuren entnehmen, läßt sich, wie schon gesagt, lediglich feststellen, nicht aus der fortgeschrittenen Evolution anorganischer oder organischer Materie erklären, und zwar daraus aus *grammatischen* Gründen nicht erklären. Wer das Gegenteil behauptet, hält es in der Regel für denkbar, daß sich spezifische Ereignisse der tierischen und humanen Welt über gehirnphysiologische Parallelereignisse und Bewegungen (im weitesten Sinne) des menschlichen Körpers *definieren* lassen:

»Für ein objektives Urteil benötigen wir einen Standpunkt außerhalb der Pflanzen, der Tiere und Menschen; am besten gleich in der Physik«, heißt es in der »Biologie der Erkenntnis« von Rupert Riedl[4]. – Wie machen wir uns klar, daß eine solche Vorstellung bereits grammatisch absurd ist? Könnten wir nicht doch über Menschen, Bakterien, Steine und Moleküle in einer grammatisch homogenen Weise reden?

Grammatische Verhältnisse bleiben – ein großes Stück weit –, wenn sich die empirischen Umstände ändern. Wir können uns daher die Grammatik unseres sprachlichen Orientierungszusammenhanges dadurch klarmachen, daß wir uns mit unserer Sprache fiktiv in empirische Variationen unserer normalen vertrauten Lebenswelt versetzen; so auch wenn wir klären wollen, ob und wie die sprachlichen Verständnisse, welche die Anerkennung des (an-

3 F. M. Wuketits: *Wissenschaftstheoretische Probleme der modernen Biologie* (Berlin 1978), 15 u. a.

4 R. Riedl: *Biologie der Erkenntnis. Die stammesgeschichtlichen Grundlagen der Vernunft* (Berlin-Hamburg 1980), 24.

deren) Menschen als wahrnehmende und handelnde Person im normalen zwischenmenschlichen Verkehr regieren, eine *grammatische* Verbindung mit physiologischen Umständen, etwa solchen unseres Gehirns, eingehen.

Stellen wir uns dazu zwei Freunde, nennen wir sie Peter und Paul, vor, deren einer, Paul, durch unerklärliche Kopfschmerzen geplagt, schließlich dem Rate seines Arztes nachgibt und sich einer Gehirnoperation unterzieht. Peter, so wollen wir annehmen, begleitet ihn ins Krankenhaus und holt ihn auch, nach überraschend kurzer Dauer des Aufenthalts, von dort wieder ab. Wir wollen ferner unterstellen, daß auf dem Wege, vor und nach dem Krankenhausaufenthalt, uns vertraute Weisen der Unterredung zwischen beiden stattfinden, sagen wir: über die schöne Herbstwitterung, politische Stammtischgegenstände und übliche moralische Beurteilungen alltäglicher Entscheidungen in der Lebenswelt der beiden Beteiligten. Beim Verlassen des Hospitals allerdings macht Paul seinem Freund eine überaus ungewöhnliche Mitteilung, nämlich, daß die beabsichtigte Schädeloperation abgebrochen werden mußte, aus dem schlichten Grunde, weil Pauls Kopf offenbarer und ungewöhnlicher Weise kein Gehirn enthält, so daß selbstverständlich auch keine Eingriffe an Pauls Gehirn vorgenommen werden konnten.

Wenn sich nun Paul in seinen Gesprächen mit Peter, wie unterstellt, in derselben, vertrauten Weise verhält, wie dies vor dem Betreten des Krankenhauses der Fall war, so haben wir, das soll die erzählte Fiktion vor Augen führen, keinen Anlaß, die Gespräche zwischen Peter und Paul, auf Grund der ungewöhnlichen physiologischen Verhältnisse in Pauls Kopf, grammatisch neu zu verstehen, insbesondere etwa die darin eingearbeiteten Verständnisse über Pauls Wahrnehmungs-, Rede- und Überlegungstätigkeit als jetzt, durch neue physiologische Einsichten über Paul, aufgedeckte Irrtümer zu betrachten. Wenn beide in nachdenklicher Stimmung über die herrlichen Farben der Bäume und die Schönheiten des Nebelwetters miteinander reden, so hat sich das Verständnis der grundlegenden Züge dieser gemeinsamen Wahrnehmungs- und Redesituation ebenso wie das der Worte, mit denen darüber gesprochen werden kann, etwa der Worte »Wahrnehmung« und »Ausdruck«, nicht geändert. Wollte jemand unter den geschilderten Umständen Paul wegen seines fehlenden Gehirns nicht mehr als normalen Menschen, im alltäglichen, politischen und moralischen Sinn des Wortes, behandeln, so wäre dies ein Akt der Unmenschlichkeit. Wollte man gar allgemein, unter Verweis auf physiologisch gestützte Verständnisse der Rede über den Menschen, Paul den normalen sprachlichen Verkehrsformen unter Menschen entziehen, so wäre dies ein Akt öffentlicher Inhumanität und die Behandlung durch Menschenrechtskommissionen internationaler Institutionen eine grammatisch sinnvolle Reaktion.

Daß der Mensch hier kein physikalischer Gegenstand ist, heißt, daß zwar Veränderungen an seinem Leibe (wenn wir zur Leiblichkeit des Menschen insbesondere seine Wahrnehmungsfähigkeiten rechnen), nicht aber Veränderungen in der physikalisch-chemisch beschreibbaren Struktur des menschlichen Körpers sein Menschsein *grammatisch* berühren. Daß im übrigen Veränderungen der physikalisch-chemischen Zustände und Prozesse im Körper des Menschen auch mit Veränderungen etwa seiner Wahrnehmungs- oder Sprachfähigkeit regelmäßig verbunden sind, ist dann eine empirische, oder in Gegenüberstellung zur grammatisch bedingten Geltung: kontingente, Tatsache, mit der sich die Hirnforschung natürlich in sinnvoller Weise beschäftigt. Noch anders illustriert: Würde ein klinisch, im Sinne etwa der Gehirnstromkurven, Toter fröhlich in unserer Mitte weilen und mit uns Feste feiern, so hätten wir keinen grammatischen Anlaß, mit ihm, sogleich oder danach, nach dem Grundsatz »Erde zu Erde« zu verfahren. Wie auch, auf der anderen Seite, erst unsere von physikalisch-chemischen Aussagen grammatisch unabhängigen Urteile über die Wahrnehmungs- und Kommunikationsfähigkeit einer Person den Krankheitscharakter gehirnphysiologisch oder molekularbiologisch beschreibbarer Störungen bestimmen.

Schwerer zu durchschauen ist die scheinhafte *Homogenisierung grammatischer Unterschiede* durch eine grammatisch hinreichend unbestimmte (undurchsichtige) Ausdrucksweise. In der Biologie besteht dieser pseudoterminologische Nebel vor allem aus systemtheoretischen Wendungen und aus (z. B. informationstheoretischen) Anthropomorphismen, deren bildhafter Charakter vergessen oder doch unklar gelassen wird.

So nennt etwa ein Artikel von Manfred Eigen als »Markstein einer aus selektiver Bewertung resultierenden konsequenten Evolution« den »Aufbau eines Kommunikationssystems aus Nervenzellen, das Information aus der Umwelt aufnimmt, zentral verarbeitet und damit zu einer neuen – geistigen – Ebene der Lebenserscheinungen führt«[5]. – Hier sind offenbar im ersten Teil der Ausdrucksweise von Eigen die Worte »Kommunikation« und »Information« Anthropomorphismen, welche in einem molekularbiologischen Umfeld verwendet werden; während sie einige Worte später plötzlich aus der Perspektive ihrer *ursprünglichen*, sprachbezogenen, Verwendung verstanden sind und so zum Anlaß werden, »geistiges« Geschehen bereits in rein molekularbiologischen oder neurophysiologischen Erscheinungen zu sehen. (Als Bilder sind Anthropomorphismen selbstverständlich sinnvoll, wo immer sie etwas erhellen.)

Oder der Bertalanffy-orientierte Biologe B. Hassenstein läßt sich in einem Beitrag zum Funk-Kolleg Biologie wie folgt über so genannte »Systemeigenschaften« aus: »[...] die *Eigenschaften der Elemente und die Gesetze ihres Zusammenwirkens bedingen die Systemeigenschaften*; die Systemeigenschaften lassen sich aber als solche in den Elementen nicht wiederfinden. Von der Elementebene aus gesehen sind sie *etwas Neues*.«[6]

Diese Formulierungen besagen zum einen etwas Selbstverständliches. Häuser haben, als ganze Gebilde, andere Eigenschaften als die zu ihrem Bau verwendeten Materialien. Und ähnliches gilt dann auch etwa für das Verhältnis bestimmter Moleküle zu aus ihnen geordnet gebildeten Komplexen oder des Gehirns gegenüber seinen physiologischen Bestandteilen. Die Rede von Systemen und *neuen* Systemeigenschaften vermag in dieser Allgemeinheit die gerade für evolutionstheoretische Betrachtungen wesentliche Unterscheidung allerdings nicht zu treffen: ob nämlich die Beschreibungssprache für die sogenannten Systeme sich *im bereits gegebenen grammatischen Rahmen*, etwa dem der Physik oder Chemie, hält – oder ob die »neuen« Eigenschaften für ihre Artikulation gerade eine wesentliche *Erweiterung* dieses grammatischen Rahmens beanspruchen; so, wenn den physikalischen Eigenschaften des »Systems« Gehirn grammatisch externe Funktionen wie Weltwahrnehmung, Sprache und Vernunft adjungiert werden. Die Rede von neuen Systemeigenschaften und Funktionen läßt sich also, bei hinreichender Unbestimmtheit der gemein-

5 Artikel »Leben« in *Meyers Enzyklopädischem Lexikon*, Bd. 14 (Mannheim 1975), 713-718; das Zitierte 718.

6 B. Hassenstein: »Der Mensch als biologisches Wesen«, in: D. Todt (Hg.): *Funk-Kolleg Biologie* (Frankfurt/M. 1976), Bd. 1, 45-65.

ten Fälle, sowohl auf den grammatisch externen Fall beziehen als auch mit dem eher trivialen Hinweis verbinden, daß bereits grammatisch intern Komplexe andere Eigenschaften zulassen als ihre Elemente. Kurz und bündig: Die Sprachfähigkeit etwa verhält sich zu den Bestandteilen des Gehirns weniger wie die Düne zum Sand, eher schon wie die landschaftsästhetische Wertschätzung von Dünen zum Sand, aus dem sie bestehen. Und diese Wertschätzung ist, wenn wir, *mißverständlich*, so reden wollen, eine Eigenschaft von Dünen, die ihnen nicht bereits als Sandkörnerkomplexen zukommt, also auch durch die Entwicklung solcher Komplexe unter den geeigneten Wind- und Wetterbedingungen nicht erklärt werden kann. Ähnliche Verwirrung erzeugen Fälle, in denen das Wort »Reaktion« umstandslos auf die grammatisch verschiedenen Fälle der chemischen Reaktion beim Eintauchen von Lackmuspapier in Säure – und der Wahrnehmung seiner Verfärbung bezogen wird; auch wenn die Wahrnehmung erfahrungsgemäß von chemischen Reaktionen in unserem Kopfe begleitet ist.

Im Blick etwa auf allerlei Weiterungen der Informationstechnik müssen wir uns inzwischen nicht nur auf der Ebene der Bücher vor einem grammatisch unzulässigen realistischen Verständnis metaphorischer Rede bewahren. Denn es ist ja augenfällig möglich, daß ein solches Verständnis über eine Reinterpretation der menschlichen Lebenswelt schließlich dazu führen könnte, daß der Einklang einer (technischen) Einheitssprache mit den grammatischen Tatsachen unseres Lebens quasi *nachträglich*, durch eine Veränderung unseres Lebens nämlich, hergestellt wird.

Ist nicht, so möchte man zum Schluß skeptisch meinen, die Rede von grammatischen Problemen einer universal orientierten Evolutionstheorie preziös bis schief? Verlaufen nicht die so genannten grammatischen Grenzen *innerhalb der Welt*, in der es nun einmal, wohl unterschieden, Naturgegenstände, Tiere, Menschen, Zahlen usf. gibt? So daß wir unmißverständlicher und altbekannt von *ontologischen* Regionen, Stufen, Schwellen und dergleichen reden sollten. Es erscheint dann weiterhin als eine Frage weniger sprachlicher als empirischer oder intuitiver Evidenz, ob Entwicklungsvorgänge möglicherweise oder naturhistorisch belegbar die Erscheinungsfelder so transformieren, daß dabei ontologische Schwellen überwunden werden können.

Dieses Bild unserer Welt und der Entwicklungen, die sie zuläßt oder hinter sich hat, entspricht allerdings der Perspektive eines Welt*betrachters*, der mit seinen Tätigkeiten und dem, was sie orientiert, insbesondere mit dem in sie eingearbeiteten sprachlichen Verhalten nicht involviert ist. – Schon die Rede von abstrakten Objekten wie Zahlen ist jedoch in unsere arithmetischen *Tätigkeiten* ebenso eingewoben, wie unser Verständnis natürlicher Objekte nicht ohne eine bestimmte Weise des alltäglichen bis labortechnischen Umgangs mit ihnen denkbar ist. In beiden Fällen wiederum hängt der Umgang, den wir dabei mit der Welt auf verschiedene Weise pflegen, zusammen mit charakteristischen sprachlichen Praktiken; so wie uns auch eine Kenntnis der sogenannten *ontologischen* Unterscheidung von Gegenständen und Eigenschaften kaum ohne Bezug auf den uns bekannten *Gebrauch* singulärer und genereller Terme gelingen dürfte.
Erst recht wird diese Situation deutlich, wenn wir den Menschen im Unterschied zu den Tieren, Steinen und schließlich den Nuklein- und Aminosäuren ins Auge fassen. Was dem Menschen die Menschen sind, das hat zwar eine wichtige naturwissenschaftliche Seite, es zeigt sich aber vor allem, von den individuellen und institutionellen Formen der Anerkennung der Menschenwürde bis zum Sitz der Personalpronomina in unseren Redesituationen, in den Umgangsweisen und Einstellungen, in denen die Menschen einander begegnen, miteinander (und häufig ja auch gegeneinander) zu tun haben.
Dies alles in allem genommen: Wie die *Welt* ist und was in ihr geschehen kann, läßt sich daher nicht unabhängig davon begreifen, wie die *Sprache* ist und was in dieser, und damit verbunden in unserem tätigen Leben, geschehen kann. Und *darauf* machen wir aufmerksam, wenn wir ontologische in *grammatische* Sprechweisen überführen.
Im übrigen gilt, den Hinweis verdanke ich Thomas Rentsch, Rabbi Meirs »Lob der Grammatik«: »In meiner Kindheit wollte ich mich nicht ins Studium der Grammatik vertiefen, denn ich wähnte, das sei eben eine Wissenschaft wie alle andern. Später habe ich mich ihr ergeben, denn ich sah, die Geheimnisse der Lehre hangen daran.«[7]

7 M. Buber: *Schriften zum Chassidismus* (= Werke III [München 1962]), 695.

Friede und Konfliktbewältigung, handlungstheoretisch und ethisch betrachtet

Sollen wir Konflikte stets friedlich lösen oder gar einen Zustand herbeiführen, in dem wir ohne Konflikte miteinander leben? Ist es richtig, für das Handeln in Konflikten, zum Frieden, zu beidem gar, zu erziehen, und wenn ja: wie sollen wir dies tun? Verdient ein konfliktloses gemeinsames Leben die Bezeichnung »Friede«? –

Solche und ähnliche Fragen, allgemein oder für bestimmte Situationen gestellt, lassen sich zur Zeit noch nicht im Rahmen einer eingeführten Terminologie erörtern, denn die Worte »Konflikt«, »Frieden«, »friedlich« und ihr verbales Umfeld haben sich in ihren anthropologischen, psychologischen und politischen Verwendungen noch wenig von der Alltags- und Bildungssprache entfernt. Und diese macht von ihnen, auf Predigtkanzeln, NATO-Tagungen oder in Parlamenten und Lehrplanrichtlinien einen eher diffusen Gebrauch.

Klar ist im Vorverständnis häufig nur so viel, daß die offene Gewalt gegen Personen nicht »friedlich« heißen soll. Ob aber schon jede *Vermeidung* offenen Kampfes den Namen »Friede« verdient, wo gegebenenfalls die Grenze zwischen verschiedenen Formen des »Waffenstillstandes« und dem »wirklichen« Frieden verläuft, bleibt strittig oder im Dunkeln. In der Rede etwa von der »Friedenspflicht« in Tarifauseinandersetzungen, vom »ehelichen Frieden« oder vom »Frieden, der höher ist als alle Vernunft« wird das Wort »Friede« wohl kaum in der gleichen Weise verstanden. – Ich möchte mit den folgenden Gedanken im wesentlichen einige hier grundlegende *Unterscheidungen* systematisch geordnet entfalten. Begleitend werden sich zwanglos einige *Normen* des Umgangs mit Konflikten beurteilen lassen.

Wo Menschen in einen Handlungszusammenhang eintreten, sind stets Situationen zu gewärtigen, in denen die Beteiligten sich in und mit ihren Handlungen gegenseitig behindern. Im elementarsten Falle geschieht dies so, daß eine konkrete Handlung eine andere Handlung wesentlich beeinträchtigt. Dieser Fall liegt etwa vor, wenn zwei gleichzeitig durch dieselbe schmale Türe gehen wollen oder wenn jemand bei einem Fernsehfilm lesen möchte.

Ich schlage vor, in solchen Fällen Handlungsansätze und Handlungsabsichten miteinander *unverträglich* zu nennen. Unverträglichkeit kann *faktischer* Natur sein, wie in den gegebenen Beispielen, oder *prinzipielle* Gründe haben. Im prinzipiellen Fall läßt sie sich auch durch eine andere Ordnung der relevanten Handlungen, im ersten Beispiel etwa eingeleitet durch ein »Bitte nach Ihnen!«, nicht beheben.
Die getroffenen Unterscheidungen lassen sich von konkreten Handlungsintentionen auf *Handlungsorientierungen allgemein*, insbesondere auf Zwecke, Ziele und Handlungsregeln, übertragen. Eine Reihe von Handlungsorientierungen eines oder verschiedener Subjekte mag *unverträglich* heißen, genau dann, wenn für die Adressaten und Befolger dieser Orientierungen nur solche Handlungsmöglichkeiten verfügbar sind, die, wenn sie einigen dieser Orientierungen genügen, anderen entgegenarbeiten. Dies ist der Fall *prinzipieller* Unverträglichkeit von Handlungsorientierungen. Auch wenn Handlungsorientierungen »an sich« verträglich sind, so kann wiederum das dazu *faktisch* ergriffene Handeln (in Abhebung von besseren Möglichkeiten) unverträglich sein, d. h. im Blick auf die unterstellten Handlungsorientierungen zu einer gegenseitigen Beeinträchtigung führen.
Wo sich unser Handeln so orientiert und ordnet, daß faktisch oder prinzipiell Unverträglichkeit der relevanten Handlungsorientierungen vorliegt, da möge von einem *pragmatischen Konflikt* die Rede sein. Ein pragmatischer Konflikt spielt sich insoweit »*innerhalb eines Subjektes*« oder »*individuell*« ab, als wir es mit unverträglichen Handlungsorientierungen dieses einen Subjektes zu tun haben. Sonst sei von einem *äußeren* oder *interindividuellen* pragmatischen Konflikt die Rede. Es gilt im übrigen, daß auch eine gleichartige (»übereinstimmende«) Orientierung mehrerer Subjekte Anlaß zu pragmatischen Konflikten geben kann: wenn etwa in Verteilungssituationen alle das Gleiche wollen. Besteht weder ein prinzipieller noch ein faktischer Konflikt, so sei in einem *pragmatischen* Sinne von *Friede* die Rede.
Ich möchte hier ein Wort zur terminologischen Vorsicht einfügen: Die gegebene Definition des pragmatischen Konfliktes ist von der Art, daß nach W. Kempf[1] *alle* Konflikthandlungen, die

1 W. Kempf: *Konfliktlösung und Aggression. Zu den Grundlagen einer psychologischen Friedensforschung* (Bern/Stuttgart/Wien 1978), 98.

im *Bewußtsein* des Konfliktes ausgeführt werden, *Aggressionen* sind. Aggressionen versteht Kempf nämlich als Handlungen, deren Autoren ihnen eine Wirkung zuschreiben, welche die Betroffenen vermeiden möchten, in meiner handlungstheoretischen Art zu reden: welche für die Handlungsorientierungen der Betroffenen ein Handeln nach diesen Orientierungen beeinträchtigt. – So wie es mir nicht sinnvoll erscheint, ein vernünftiges Friedensverständnis terminologisch in der Gegend einer auf Konfliktvermeidung abstellenden Friedfertigkeit anzusiedeln, so möchte ich auch vorschlagen, das bewußte Handeln in Konflikten nicht *generell* als aggressiv zu verstehen. Wir brauchen nämlich das Wort »Aggression«, im Einklang mit bereits in der psychologischen Bildungssprache und in der Alltagssprache angelegten Intentionen, noch für weitere Unterscheidungen. Ich konnte darüber nicht lange genug nachdenken, möchte Ihnen aber wenigstens einen *unabgesicherten* Vorschlag vorlegen: *Aggressiv* handelt, wer auf vermeintlich oder wirklich mit den eigenen Handlungsorientierungen unverträgliche Handlungen spontan seinerseits mit offenen Konflikthandlungen antwortet. Aggressives Handeln heiße kurz *Aggression*, die Disposition zur Aggression *Aggressivität*. Aggression ist dann ein *reaktives* Handeln, ein Handeln, das durch anderes Handeln spontan hervorgerufen, »ausgelöst« wird. Hier kann dann weiter problemlos der Fall einbezogen werden, daß die Aggression sich nicht gegen das Subjekt des auslösenden Handelns richtet, sondern, zumal bei Unterdrükkung von Reaktionen gegenüber dem Auslöser, andere Opfer findet. Auch kann dann jemand *im engeren Sinne aggressiv* genannt werden, wenn eine seine Aggression auslösende Handlungssituation eingetreten ist, so daß mit entsprechenden Reaktionen auch gegenüber Unbeteiligten gerechnet werden muß: »Sei vorsichtig! Seine Frau hat sich mit ihm gestritten. Er ist heute aggressiv.«[2]

Von Handlungsorientierungen im engeren Sinne sind solche Orientierungen zu unterscheiden, die nicht *bestimmte* Handlungssi-

2 Einen Beleg zu einem ähnlichen Verständnis von »Aggression« bietet etwa E. Fromm: *Anatomie der menschlichen Destruktivität* (Stuttgart 1974). Dort heißt es bei der Einführung der Terminologie, S. XVI: »Ich habe in diesem Buch den Begriff ›Aggression‹ für Reaktionen und Abwehr gegen Angriffe benutzt, die ich zusammenfassend als ›gutartige Aggression‹ bezeichne.«

tuationen *in* unserem Leben, sondern unser *Leben als Ganzes* betreffen. Dabei ist der Ausdruck »unser Leben als Ganzes« bereits pleonastisch gebraucht: Das Wort »Leben« soll nämlich im folgenden schlicht für den *Gesamtzusammenhang* unserer Handlungen, insbesondere unserer Orientierungshandlungen stehen. Dadurch, daß wir unser *Leben* und nicht lediglich bestimmte Handlungen in ihm orientieren, gewinnt unser Leben eine bestimmte *Form*, so daß wir dann also *Lebensformen* von den Handlungsorientierungen, die *im* Rahmen einer bestimmten Lebensform angeeignet oder verfolgt werden, unterscheiden können.

Über Lebensformen streiten oder verständigen wir uns mit Worten wie »vernünftig«, »Egoismus«, »Gelassenheit« usw. Lebensformen werden allzuleicht mit bestimmten Zielen oder Regeln unseres Handelns verwechselt. Ein solcher pragmatischer Kategorienfehler liegt etwa einem Verständnis des vernünftigen Lebens zugrunde, nach dem dieses vernünftigen *Handlungsorientierungen* folgt, diese wiederum sich vernünftigen *Beratungen* verdanken und vernünftige Beratungen schließlich durch die Anwendung eines Kanons von *Beratungs-* oder *Entscheidungsprinzipien* gekennzeichnet werden. Konzeptionen dieser Art sind wesentlich für die Theorien rationaler Entscheidung im Umfeld von Ökonomie und Spieltheorie, aber auch für die Schwemmer-Variante der konstruktiven Ethik, insbesondere Schwemmers Moralprinzip.[3]

Selbstverständlich können wir bei bestimmten Regeln oder Zielen unseres Handelns – mögen sie auch (vernunftdefinierende) *Prinzipien* heißen – stets noch erörtern, ob sie Teil eines vernünftigen Lebens sein sollten oder nicht. Und diese lebensformorientierte ethische Frage läßt sich offenbar nicht durch den Rückgang auf weitere derartige Regeln oder Ziele sinnvoll zur Ruhe bringen. Wie aber können wir das vernünftige Leben begreifen, ohne es auf die Orientierung an letzten Zielen oder Handlungsregeln zu reduzieren? – Ich sollte hier nicht in eine Fundamentalvorlesung zur Ethik abirren. Daher müssen einige sehr kurze Bemerkungen genügen. Kürze ist allerdings in der Ethik nicht notwendig verbunden mit groben, unausgearbeiteten Verständnissen. Vielmehr

3 Vgl. P. Lorenzen u. O. Schwemmer: *Konstruktive Logik, Ethik und Wissenschaftstheorie* (Mannheim u. a. ²1976), Abschnitt II.

begreifen wir Lebensformen letztlich weniger theoretisch als vielmehr im ihnen gemäßen *Handeln*, »*empraktisch*« also[4]. Wo hingegen eine Lebensform bereits empraktisch zugänglich ist, da genügen in der Regel wenige Worte, um sie zu vergegenwärtigen. Wenn die Worte, mit denen wir über Lebensformen reden, dieser empraktischen Basis entbehren, dann helfen uns noch so viele theoretische, insbesondere definitorische Bemühungen nicht weiter. Daher läßt sich der »Inhalt« der Ethik in »richtig zu verstehende« Formeln zusammenziehen, wie das Sokratische »Ich weiß, daß ich über mein Leben allein vorderhand nichts weiß« oder die folgende Fassung des kategorischen Imperatives bei Kant: »Handle so, daß du die Menschheit sowohl in deiner Person, als in der Person eines jeden anderen, jederzeit zugleich als Zweck, niemals bloß als Mittel brauchest«. Auch Lorenzens Moralprinzip »Überwinde deine Subjektivität!« ist eine solche Formel, deren Sinn letzten Endes nicht definitorisch, sondern nur empraktisch begriffen werden kann.

Im Anschluß an die zitierten Formeln läßt sich die Lebensform der Vernunft, das *vernünftige Leben* also, so erläutern[5]: Das vernünftige Leben besteht in der praktischen Einsicht, daß wir das für uns gute Handeln »subjektiv«, d. h. jeder für sich, weder erkennen noch verwirklichen können, daß wir also unsere Subjektivität überwinden müssen, indem wir das gute Leben jedes Beteiligten oder Betroffenen über den Aufbau eines gemeinsamen guten Lebens begreifen und *praktisch* gewinnen. Der Terminus »*praktische* Einsicht« verweise dabei auf Einsichten, die mit einem ihnen entsprechenden *Handeln* verbunden sind.

Offenbar ist es nicht sinnvoll, die gegebenen Formulierungen im Sinne einer besonderen Zwecksetzung oder einer Handlungsregel zu verstehen. Sie sagen ja nicht, was wir konkret in bestimmten Situationen zu tun haben, und jede Handlung, die wir auf einen Transsubjektivitäts»zweck« hin ergreifen könnten, müßte selbst schon die Einlösung dieses »Zweckes«, nämlich die »richtige« Einsicht, zur Basis haben.

Lebensformen bestimmen die Art und Weise, wie wir zu *allen* unseren Handlungsorientierungen gelangen. Daher lassen sich

4 Der von P. Lorenzen wieder aufgegriffene Terminus »empraktisch« geht auf den Sprachtheoretiker K. Bühler zurück.

5 Ausführliche Überlegungen zu einer lebensformorientierten Ethik in diesem Band S. 15-26.

pragmatische Konfliktsituationen, die auf differierende Lebensformen zurückgehen, in der Regel nicht begrenzen. Vielmehr überziehen unvereinbare Lebensformen, wie etwa Vernunft und Egoismus, das *gesamte* Handeln der Beteiligten mit »offenen« oder »verdeckten« pragmatischen Konflikten. (Verträgliche Orientierungen sind hier ja eher dem Zufall oder günstigen Bedingungen zu verdanken.) Wiederum kann auch ein lebensformbestimmter Konflikt in »gleichen« Lebensformen seinen Ursprung haben, etwa beim Konflikt zwischen dem Egoismus mehrerer Personen oder Gruppen.

Pragmatische Konflikte werden *offen* ausgetragen, wenn tatsächlich gegeneinander, im Sinne der den Konflikt definierenden Orientierungen, gehandelt wird. Sonst, z. B. dann, wenn ein Konfliktpartner ein Handeln im Sinne seiner Orientierungen zurückstellt, mögen pragmatische Konflikte *verdeckt* heißen. Für die bewußte offene Austragung eines Konfliktes möchte ich auch das Wort »*Kampf*« gebrauchen.

Sofern konkretes Handeln, welches die offene Austragung eines Konfliktes beenden oder vermeiden soll, gelungen ist, möge der Konflikt als *bewältigt* bezeichnet werden. Einen Konflikt zu bewältigen, bedeutet nach diesem Sprachgebrauch offenbar nicht, ihn vernünftig zu bewältigen oder gar zu *lösen*. Bewältigen lassen sich Konflikte z. B. auch durch Unterdrückung von Handlungen oder durch Kompromisse, die auf die faktische Möglichkeit der Beteiligten, Kampfhandlungen zu ergreifen, kurz auf die Gewaltverhältnisse, gegründet sind. In diesen Fällen bleiben die unverträglichen Handlungsorientierungen, die dem Konflikt zugrunde liegen, bestehen; nur wird das ihnen entsprechende Handeln eingeschränkt. Daß ein Konflikt bewältigt wird, können wir nach üblichem Sprachgebrauch auch als die (Wieder-)Herstellung des »*äußeren*« Friedens bezeichnen.

Die Bewältigung eines Konfliktes braucht nicht in seiner »Lösung« zu bestehen. Nur, was ist dann die Lösung des Konfliktes? Nun, ein Konflikt heiße *gelöst* genau dann, wenn die dem Konflikt zugrundeliegenden Handlungsorientierungen zugunsten verträglicher Orientierungen aufgegeben worden sind. – Ein bloß faktischer (nicht prinzipieller) pragmatischer Konflikt hat immer eine Lösung, die wir in diesem Falle *technisch* nennen können. Mit anderen Worten: Im Falle eines bloß faktischen Konfliktes ist der pragmatische Friede ein Problem technischer Rationalität.

Vom äußeren (und inneren) pragmatischen Frieden ist die Gemeinsamkeit in einem vernünftigen Leben, die gemeinsame vernünftige Lebensform, zu unterscheiden. Ich möchte sie den *moralischen Frieden* nennen. Der moralische Friede ist die gemeinsame Vernünftigkeit der miteinander Lebenden und handelnd aufeinander Angewiesenen. Vom Frieden, »welcher höher ist als alle Vernunft«, soll später noch die Rede sein.

Kempf hat übrigens eine Definition von »Friede« gegeben, die den pragmatischen und den moralischen Sinn des Wortes miteinander verbindet. Es heißt, daß der Terminus »Friede« Situationen der Art zugesprochen werden soll, »daß alle von einem Konflikt Betroffenen die Ausführung von Handlungen, die der unmittelbaren Erreichung konfliktrelevanter Zwecke dienen, bis zum Abschluß einer gemäß Vernunft- und Moralprinzip geführten Beratung zurückstellen und bereit sind, die Zwecke aller anderen Betroffenen (auch derer, die an der Beratung selbst nicht teilnehmen können) bei der Planung ihrer Handlungen mit zu berücksichtigen«.[6]

Im Rahmen der von mir getroffenen Unterscheidungen kann diese Bedingung, wenn ich recht sehe, so formuliert werden: Friede im Sinne von Kempf herrscht zwischen Personen, die auf die offene Austragung pragmatischer Konflikte verzichten, bis nach bestimmten Regeln (»Vernunftprinzip«, »Moralprinzip«) geführte Beratungen zu einer *konfliktfreien* vernünftigen Gemeinsamkeit der Beteiligten und Betroffenen geführt haben. Die hier für die Friedensabsicht wesentliche Konfliktfreiheit wird zwar von Kempf nicht eigens erwähnt, ergibt sich aber wohl daraus, daß er auf den konfliktethischen Ansatz von Schwemmer zurückgreift.

Der moralische (oder: vernünftige) Friede schließt den pragmatischen Frieden nun allerdings nicht jederzeit ein: Die Gemeinsamkeit eines vernünftigen Lebens führt nicht bereits von selbst auch dazu, daß alle pragmatischen Konflikte gelöst sind. Diejenigen, die sich um eine vernünftige Gemeinsamkeit ihres Lebens bemühen, treten damit ja nicht in eine orientierungslose Entindividualisierung, einen Zustand heiliger Leere, ein. Vielmehr sind sie weiterhin konkrete Individuen mit bestimmten und unterschiedlichen Biographien, Lebensbedingungen und Handlungsperspek-

6 Vgl. den in Anm. 1 genannten Band, S. 80.

tiven, welche wiederum Anlaß zu vielerlei pragmatischen Konflikten bieten mögen. Weder darf die Überwindung unserer *Subjektivität* mit einer Überwindung unserer *Individualität* verwechselt, noch der *Prozeß*charakter transsubjektiver Orientierung verkannt werden. Vernunft bedeutet daher nicht, daß alle pragmatischen Konflikte gelöst sind. Dies wird insbesondere für allgemeine Konfliktstrukturen wie den Generationenkonflikt, den Geschlechterkonflikt oder funktionsabhängige Konflikte einsichtig sein.

Daß uns die Vernunft nicht zur Lösung aller unserer Konflikte verpflichtet, mag tröstlich sein. Es wäre uns anderenfalls schließlich unmöglich, vernünftig zu sein. Wozu aber dann fordert uns die Vernunft in Konfliktsituationen auf? – Man wird dies in verschiedenen konkreten Konfliktsituationen sehen müssen. Viele pragmatische Konflikte werden sich zwar nicht lösen, aber wenigstens vernünftig bewältigen lassen, d. h. insbesondere so bewältigen lassen, daß dabei nicht einige Beteiligte andere Beteiligte oder Betroffene im wesentlichen nur als Mittel für ihre Zwecke benützen. Häufig wird es vernünftig sein, unverträgliche Ziele und Handlungsweisen schlicht situationsspezifisch einzuschränken oder zurückzustellen, also vernünftige *Kompromisse* einzugehen.

Ist es vernünftig, Konflikte *stets* zu bewältigen? – Nicht einmal diese Norm leuchtet (generell) ein. Sie liefe ja mit anderen Worten darauf hinaus, den Vernünftigen das offene Austragen ihrer Konflikte zu untersagen. Insbesondere wäre es dann unter vernunftorientierten Personen nicht möglich, einander mit Selbstbehauptungshandlungen in den Weg zu treten und damit etwa Unzumutbarkeiten glaubhaft zu machen. Vernunft im Sinne einer gemeinsamen Lebensform verpflichtet uns also lediglich zu einem vernünftigen *Umgang mit Konflikten*. Dieser kann, muß aber nicht in einer Lösung oder Bewältigung liegen. Nennen wir denjenigen *friedfertig*, der jedenfalls offene Konflikte, durch Lösung oder Bewältigung, vermeiden oder beenden möchte, so sind die Vernünftigen zu absoluter Friedfertigkeit nicht einmal untereinander verpflichtet.

Die bisher mit dem Wort »Friede« getroffenen Unterscheidungen sind nicht anwendbar auf *Lebensformkonflikte*, insbesondere nicht auf Konflikte zwischen einer *vernünftigen* Orientierung des Lebens und einem lediglich an den *eigenen faktischen* Zielen und

Interessen orientierten Leben. Wenn aber der (moralische) Friede, der in gemeinsamer Vernunft besteht, nicht wirklich ist, gibt es dann noch einen Frieden, »der höher ist als alle Vernunft«? Oder ist dann der pragmatische Friede – der Friede, den die durch die Gewaltverhältnisse bestimmte zeitweilige Konfliktbewältigung ermöglicht – das einzige, was theoretisch wie praktisch unserer Mühe wert ist?
Ein Friede, welcher höher ist als alle Vernunft, muß offenbar ein Friede sein, den wir, mit einer anderen Formel, »mit uns selbst machen«, in Fällen eben, in denen eine vernünftige Gemeinsamkeit nicht bereits gesicherte Praxis ist. Ich will ihn daher den *seelischen Frieden* nennen, mit einem, zugegeben, problematischen Ausdruck; jedoch weist das Wort »seelisch« im Alltagsdeutsch ja häufig auf individuelle Problemsituationen oder die individuelle Seite einer Problemsituation hin. Und nur dieser Sinn, nicht etwa die Vorstellung eines metaphysischen Seelendings, soll hier herangezogen werden. Der seelische Friede betrifft also den Umgang mit unvernünftiger Interaktion. In solchen Situationen sind zwei Fälle zu unterscheiden:
Im ersten Falle dient die eigene Vernunftintention gegenüber anderen dazu, die nicht ausgeschlossene Alternative vernünftiger Gemeinsamkeit zu eröffnen oder offen zu halten. Ein gemeinsames vernünftiges Leben kann in diesem Falle nicht erreicht werden, ohne daß einige sich zunächst unabgesichert auf den Weg begeben. Kurz: Vernunft ist dann eine Perspektive vernünftiger Hoffnung.
Da es keinen strategischen (technischen) Zugang zur Vernunft (insbesondere der anderen) gibt, ist die vernünftige Lebensform, sofern sie ja stets allenfalls partiell erfüllte Praxis ist, im übrigen allenthalben und unüberbietbar auf vernünftige Hoffnung gestellt. Als Vernünftige sind wir, im Ganzen betrachtet, stets auf dem *Wege* und nicht am Ziel.
Wenn wir uns statt dessen auf ein *Ende* des Weges hin orientieren, so steht uns ein mit dieser Lebensorientierung verträglicher Handlungszusammenhang nicht zur Verfügung. Vernunft ist dann in einen aussichtslosen Konflikt mit sich selbst und anderen verwickelt.
Die traditionell in den philosophischen Weisheitslehren und religiösen Reflexionstraditionen verhandelte »Lösung« dieses Problems liegt in einem veränderten praktischen Begreifen der Form

des vernünftigen Lebens. Sie besagt: Als Vernünftige erlangen wir unseren seelischen Frieden, in dem wir das *ernsthafte Bemühen* um eine vernünftige Gemeinsamkeit des Lebens praktisch als die unser Leben im Ganzen beherrschende Orientierung verstehen. Dieses Bemühen ist offenbar selbst dann gelungen, wenn es die Ziele, denen es sich jeweils *material* verschreibt, nicht erreicht. Insofern bleibt es als Lebensorientierung a priori verträglich auch mit widrigen pragmatischen Umständen. Dagegen verfehlen wir also unseren seelischen Frieden, wenn wir die Vernunftorientierung unseres Lebens illusionär als ein *Ziel* verstehen, das in oder nach unserem Leben zu erreichen ist.

Wo es uns nicht gelingt, vernunftorientiert unseren Frieden mit uns selbst zu machen, da hat dies in der Regel Folgen für unser Bemühen um den moralischen Frieden vernünftiger Gemeinsamkeit. Es gibt schließlich andere Weisen, die Unverträglichkeit eines Vernunftverständnisses mit der vorhandenen pragmatischen Realität vermeintlich oder wirklich aufzuheben. Einige uns exemplarisch sicher vertraute Auswege möchte ich hier nennen:

1. die illusionäre Suche nach einem gesicherten *strategischen* Weg zu vernünftiger Gemeinsamkeit, den uns etwa gesellschaftliche Naturwissenschaft soll liefern können (z. B. in der Gestalt einer Naturgeschichte der Gesellschaft oder von Sozialtechnologien);
2. den *resignativen* Rückfall in egoistische Lebensformen unter Berufung darauf, daß Vernunft zum Scheitern verurteilt ist;
3. den *Zynismus*, der sich mit der schlichten Resignation nicht begnügt, sondern, an Bestätigungen für das Scheitern der Vernunft interessiert, diese aufsucht oder tätig betreibt.

Ob und wie wir den seelischen Frieden gewinnen oder verlieren, ist daher ein Problem der *Vernunft*weisheit und insofern also nicht höher als alle Vernunft oder lediglich Gegenstand privater Lebensregeln.

Der seelische Friede darf allerdings nicht mit einer Haltung unendlicher Geduld verwechselt werden. Es ist nämlich noch eine zweite Art unvernünftiger Handlungszusammenhänge zu bedenken:

Es kann in der Tat Situationen geben, in denen Handlungsansätze, welche Unvernunft in Richtung auf vernünftige Gemeinsamkeit der Beteiligten bewegen sollen, zunächst *aussichtslos* sind. Vernünftige Hoffnung ist dann insofern unbegründet, wäre naiv. Solche Situationen sind insbesondere dann gegeben, wenn die Bedingungen, unter denen das Bemühen um den moralischen Frieden möglich ist, selbst verletzt sind. Zu diesen Bedingungen gehört insbesondere die Möglichkeit, im Konflikt die eigene Person handelnd zu bewahren, nicht zum bloßen Mittel der unvernünftig durchgesetzten Zwecke anderer zu werden. Sind solche Bedingungen nicht gegeben, so muß die Intention eines moralischen Friedens nicht einmal in der Form des Bemühens durchgehalten werden. Not, welche die eigene personelle Lebensführung ernsthaft bedroht, kennt daher kein (moralisches) Friedensgebot.

Was ist nach dem Gesagten von einer Friedenspädagogik zu erwarten? – Im Blick auf pragmatische Konflikte ist ihre Aufgabe vor allem eine *hermeneutische*: Wir müssen lernen, pragmatische Konflikte im Blick auf die ihnen zugrundeliegenden Handlungs- und Lebensorientierungen zu *verstehen*. Insbesondere ist dabei zu verstehen, ob pragmatische Konflikte *im* Rahmen einer *gemeinsamen* Lebensform, gewissermaßen »pragmatisch lokal«, auftreten oder diesen Rahmen selbst, und damit insbesondere die *Form*, in der mit pragmatischen Konflikten umgegangen wird, betreffen. Wo das zweite der Fall ist, hat dann pragmatische Aufklärung in *ethische* Aufklärung überzugehen, im Sinne einer Einübung in die vernünftige Lebensform und damit in den *vernünftigen* Umgang mit Konflikten, die *moralische* Form des Friedens. Schließlich muß uns eine Friedenspädagogik begreifen lehren, wie wir als Vernünftige gelungen und damit in Frieden mit uns selbst leben, wie wir, mit einer Formulierung des Pädagogen H. von Hentig, »Hoffnung aushalten« können. Denn im Sinne eines vernünftigen Friedens handlungsfähig zu sein, das heißt: für diesen Frieden in den menschlichen Verhältnissen, so wie sie sind, tätig zu werden.

Über die Gelassenheit

Zum vernünftigen Umgang mit dem Unverfügbaren

Kant hat die grundlegenden Fragen, die uns bei der Bildung eines vernünftigen Selbstverständnisses bewegen, auf drei Formeln gebracht: Was kann ich wissen? – Was soll ich tun? – Was darf ich hoffen? – Der dritten Formel sind bei Kant insbesondere jene Fragen zugeordnet, die religiösen Orientierungen zugrundeliegen. Die anhaltende Erosion religiöser Selbstverständnisse hat uns in eine Situation gebracht, in der mit den traditionellen Religionen auch die von solchen Erscheinungsformen einer Antwort unabhängigen Fragen der Form »was dürfen wir hoffen?« für ein vernünftiges Nachdenken unzugänglich werden und in Vergessenheit geraten. Die Sache, wiederum mit Kant zu reden, eines »vernünftigen Glaubens« ist weitgehend verwaist. Vergessen ist hier aber, wenn es um unabweisbare Orientierungsprobleme (Verständnisfragen) unseres Handelns geht, nur *theoretisch* möglich. *Praktisch* haben unsere Lebensprobleme immer eine, notfalls unbegriffene und unvernünftige Antwort.

Die Überlegungen, in die ich jetzt eintreten möchte, gehören in diesen Zusammenhang. Vorgreifend gesagt: die philosophische Gelassenheit – die Ruhe der Seele – besteht darin, nicht nach der Verfügung über das für uns Unverfügbare zu streben und im unenttäuschbaren Vertrauen darauf zu leben, daß der uns unverfügbare Gang der Ereignisse den Sinn eines vernünftigen Lebens nicht berührt.

In einem vernünftigen Leben wenden wir uns handelnd allenfalls der Veränderung oder Bewahrung dessen zu, was sich verändern oder bewahren läßt. Diese Aussage erscheint unangreifbar, aber auch unerheblich; denn wie sollten wir gegen einen solchen Grundsatz verstoßen? Offenbar nicht so, daß wir *tun*, was wir *nicht tun können*. – Nun sind die hier wesentlichen Formen und Fälle des handelnden Umgangs mit dem Unverfügbaren in der Regel nicht von der einfachen Art des direkten Versuchs, das offenbar Unmögliche zu tun. Vielmehr können wir für unser Handeln noch auf eine andere, *indirekte* Weise einen falschen Bezug zu den Unverfügbarkeiten unseres Lebens herstellen, so nämlich, daß wir uns auf der Ebene unseres Selbstverständnisses

von Orientierungen oder Orientierungsformen leiten lassen, die bestimmte Unverfügbarkeiten nicht ernsthaft in Rechnung stellen oder ihnen in undurchschauten Illusionen zuwiderlaufen.
Wir wissen, daß unser Leben *endlich* ist; und können gleichwohl auf eine Weise in den Tag hineinleben, welche die Bewältigung der wesentlichen Lebensprobleme stets ins Unabsehbare vertagt, uns also davor scheuen, das Ganze, die Abgeschlossenheit unseres Lebens lebensrelevant in den Blick zu nehmen. Auch aus den Stuben der Gelehrten sind ja die Totenschädel inzwischen verbannt. – Wir verfügen nicht darüber, unsere *Vergangenheit* zu ändern. Und doch können wir verlorenen Alternativen vergangener Situationen in Gedanken nachhängen oder unsere Gegenwart nicht auf ein Geschehnis in unserer Vergangenheit einrichten. Formen des Ärgers oder auch der Unfähigkeit zu trauern mögen dann die Stelle realen Handelns einnehmen. Die Vergangenheit läßt sich nicht ungeschehen machen. Vernünftigerweise können wir sie daher nur so bewältigen, daß wir für unser gegenwärtiges Handeln das Nötige aus ihr lernen und sie darin, in der Gegenwart, gegebenenfalls anders fortsetzen. Wie es der christliche Exkulpationsmythos darstellt: das »neue Leben« und nicht ein Handeln im Rahmen von Schuld und Sühne ist die angemessene praktische Zuwendung zur Vergangenheit. Die »Sünden« unserer Vergangenheit können wir auch in einer besseren Gegenwart und Zukunft nicht ungeschehen machen; darum sind sie bei tätiger Reue nach dem Grundsatz »ultra posse nemo obligatur« schließlich vergeben, und zu vergeben. – Unserer *Zukunft* können wir uns nicht durch unser gegenwärtiges Handeln versichern. Es läßt sich nicht verhindern, daß wir mit unseren wesentlichen Handlungsabsichten immer wieder scheitern. Dennoch sind uns Formen individuellen oder gesellschaftlichen Regelfetischismus vertraut, welche die Angst vor der pragmatischen Offenheit jeder vernünftigen Zukunft diktiert; wie illusionäre Sicherheitsbedürfnisse auf der anderen Seite Handlungsunfähigkeit hervorbringen als das Zögern, sich im Unsicheren überhaupt auf wesentliches Handeln einzulassen. – Damit verschränkt sich, daß die Reichweite unseres Handelns unabänderlich *lokal* ist. Niemand kann sich in vernünftiger Perspektive zum Subjekt der Gesamtgeschichte machen; und doch sind geschichtsphilosophische Konstruktionen und globale Strategiespekulationen in Orgien undurchschauter Ohnmacht lebenszerstörend wirksam.

Bisher Gesagtes und weiteres einschließend gilt: die *Wirklichkeit*, von der unser Handeln jeweils seinen Ausgang nimmt, ist stets unverfügbar so, wie sie ist. Noch die Rede von der Veränderung der Gegenwart setzt voraus, daß diese Gegenwart eine bestimmte und als diese einzurechnen ist. Andererseits ist es menschenmöglich, daß zwischen das, was unverrückbar der Fall ist, und unser Handeln Orientierungen treten, die uns wirksam davor bewahren, unser Leben auf der Grundlage der Realität vernünftig einzurichten.

In den genannten Beispielen geht es um die praktische Anerkennung von lebensbedeutsamen Bedingungen menschlichen Handelns, die selbst diesem Handeln völlig und nicht lediglich kontingenterweise entzogen sind. Aber auch dort, wo uns Situationen durch unser Handeln *zugänglich* sind, stellen sich eigentümliche Probleme der Unverfügbarkeit. Mögen wir die bisher genannten Phänomene noch vor allem extremen Lebenssituationen oder den Pathologien des alltäglichen und gesellschaftlichen Lebens zurechnen können (ich möchte das im übrigen nicht tun), so kommen wir nun zum Kern meiner Überlegungen und damit zu Selbstverständnisproblemen, die unser Handeln jederzeit begleiten:

Häufig liegt unserer Praxis insbesondere ein falsches Verständnis dessen zugrunde, *wie* wir handelnd über die Ziele unseres Handelns verfügen. Wir verstehen dann den handelnden Zugriff auf eine intendierte Situation oder Tätigkeit im Sinne einer Verfügung, die uns tatsächlich nicht zur Verfügung steht. Wenn wir über undurchschaubare Wortspiele hinauskommen wollen, bleibt hier genauer zu sagen, was es denn heißen soll, *über etwas zu verfügen*?

Ich möchte das Wort »verfügen«, wie es ja auch gebräuchlich ist, auf Ergebnisse und Voraussetzungen des Handelns beziehen. Zunächst sind wir damit vertraut, daß wir durch bestimmte Handlungen bestimmte Situationen regelmäßig oder doch mit einer abschätzbaren Erfolgsquote herbeiführen können und insofern über sie als geplante Ergebnisse unseres Handelns verfügen. Die Basis solcher pragmatischen Verfügung braucht nicht ein kausal oder statistisch begründetes Wissen über die Folgen unseres Handelns zu sein. Auch auf menschliche Handlungsorientierungen, etwa auf vereinbarte Handlungsregeln oder die Ausführung von Konstruktionsanweisungen, läßt sich ein im Regelfall gesicherter

Handlungserfolg gründen. Im erörterten Sinne verfügen wir vielfach insbesondere über den Erwerb einer Handlungskompetenz, sofern wir uns nämlich des Erfolges von Lernhandlungen auf Grund eigener oder fremder Erfahrung sicher sein können.

So verfügbare Handlungsergebnisse lassen sich nun wiederum unserem Handeln als gesicherte Ausgangssituationen zugrundelegen und zwar insbesondere so, daß wir uns ihrer, vor ihrer Realisierung, lediglich planend versichern. Aber auch sofern wir wissen, was ohne unser Zutun der Fall ist, verfügen wir darüber selbstverständlich im Sinne einer gesicherten Grundlage unseres Handelns. Kurz: wir verfügen über die Voraussetzungen unseres Handelns, insofern sie jeweils bereits real vorhanden oder doch durch unser Handeln im erläuterten Sinne herbeiführbar sind.

Daß wir so über Bedingungen und Folgen unseres Handelns verfügen, macht *zweckrationale Handlungsstrategien* möglich: Dabei richten wir unser Handeln auf die Herbeiführung oder Bewahrung bestimmter Situationen, über welche wir verfügen oder doch zu verfügen meinen, kurz: auf *Zwecke*, aus. Entsprechend ordnen sich dann verfügbare Situationen und Handlungen, welche die Verfügung über bestimmte Zwecke garantieren, diesen Zwecken als mögliche oder aktual ergriffene *Mittel* zu. Weil Zwecke unseres Handelns selbst wiederum als Ausgangspunkt für die Realisierung weiterer Zwecke und damit selbst als Mittel verstanden werden können, ergeben sich komplexe, zweckhierarchisch geordnete Zusammenhänge pragmatischer Verfügung. Ihre Aktualisierung ist das *zweckrationale Handeln.*

Es liegt nun nahe, *unverfügbar* schlicht solche Situationen zu benennen, über die wir *nicht* in einem zweckrationalen Sinne verfügen. Das Problem liegt bei einem solchen Sprachgebrauch darin, daß wir damit andere sinnvolle Möglichkeiten, handelnd in die Situation unseres Lebens einzugreifen, im großen Meer der Unverfügbarkeit verschwimmen lassen und so die Frage nach dem *Wie* unserer pragmatischen Verfügung undiskutierbar wird. Betrachten wir ein hier wesentliches Beispiel:

In *Argumentationen*, die nicht auf vereinbarter schematischer Regelanwendung beruhen, läßt sich die Zustimmung eines Gesprächsteilnehmers nicht als Endpunkt zweckrationaler Verfügung begreifen, wenn es denn ernsthaft auf Überzeugung und nicht etwa auf psychotechnisch bewirkte Überredung ankommt. Offenbar besteht, so unterstellen wir andererseits, ein *Zusam-*

menhang zwischen Argumenten, die wir begründend vortragen, und den Einsichten, die wir darauf zurückführen. Wir sagen ja, daß wir Einsichten durch Argumente »herbeiführen«. »Verfügen« wir also durch unser Argumentationshandeln über Einsichten und dann gar über ein Handeln gemäß diesen Einsichten? Und in welchem Sinne tun wir dies?

Zur Beschreibung begründender Argumentationen wird traditionell die Metapher des *Weges* benutzt: Argumente sind Schritte auf Wegen, die uns von Einsicht zu Einsicht führen, Wegen, die wir gehen oder (zu gehen) planen. Es muß *möglich* sein, diese Wege zu gehen; Wege dürfen z. B. keine Lücken haben. Daher sind Wege immer »methodisch«, d. h. sie müssen *schrittweise* begehbar sein, nur insbesondere daher auch die Wege der Argumentation. – Auch die Forderung der *Zirkelfreiheit* läßt sich dem Bilde zwanglos entnehmen: Wenn wir von A nach B wollen, zu Fuß oder mit unserer Einsicht, sind Wege, die mit B beginnen, ausgeschlossen.

Vernünftige Argumentationen zeichnen begehbare Wege der Einsicht vor, ohne – wie auch? – garantieren zu können, daß ein Adressat sie tatsächlich geht; wie ein Wegweiser niemanden zwingt, ihm zu folgen. Auch ermöglicht auf Wegen ein Schritt den nächsten, *bereitet ihn vor* – ohne daß wir ihn damit gehen *müssen*. Der »Zwang« eines Argumentes ist lediglich so unwiderstehlich, wie das Tun notwendig von seiner Ermöglichung abhängt.

Was der Fall der argumentativ gewonnenen Überzeugung zeigt, hat *allgemeine* Bedeutung für die wesentlichen Handlungszusammenhänge eines vernünftigen Lebens. *Vernünftiges* Handeln, insbesondere vernünftiges Orientierungshandeln gründet in einer gemeinsamen Praxis solcher, die nicht zweckrational über einander verfügen wollen. Vernunft ist daher nicht in einsamer Verfügung möglich, bedarf der nicht zweckrational herbeigeführten Mitwirkung der anderen. Diese Mitwirkung, und damit insbesondere jede gemeinsame Einsicht, können wir handelnd, insbesondere reflektierend *vorbereiten*, ohne jedoch über zweckrational auf sie gerichtetes Handeln eine Garantie ihres Eintritts zu erwerben. Und die Vorbereitung verhält sich, wie gesagt, zur praktischen Einsicht nicht wie das Stoßen zum Fallen, sondern wie ein Schritt zum nächsten Schritt. Das Gestoßene fällt von selbst, den nächsten Schritt müssen wir jeweils erst noch tun.

Und natürlich ließe sich nun vereinbaren, das Wort »Verfügung« auch auf den beschriebenen Modus *vorbereitenden Handelns* zu beziehen. Wesentlich ist jedoch die getroffene Unterscheidung, die wir etwa dadurch praktisch verfehlen können, daß wir das Vorbereiten einer Einsicht oder allgemeiner einer pragmatischen Gemeinsamkeit durch ihre zweckrationale Herbeiführung zu überbieten trachten und so über unsere, die menschlichen Verhältnisse leben. Daher möchte ich im folgenden das Vorbereitungshandeln im erörterten Sinne nicht unter das verfügungsorientierte Handeln subsumieren, so daß die Betrachtung von Vorbereitungssituationen als Verfügungssituationen dann sprachlich als Fall jener vergeblichen Mühe hervortritt, über das Unverfügbare zu verfügen.

Wenn wir praxisvorbereitend handeln, so handeln wir nicht aufgrund eines Wissens oder einer bewährten Prognose über die pragmatische Einlösung unserer Vorbereitungen. Lediglich kann dasjenige, dessen Eintreten durch unser Wissen weder ausgeschlossen oder unwahrscheinlich noch sicher oder wahrscheinlich gemacht wird, zum sinnvollen Gegenstand einer *Hoffnung* werden. Worauf können wir dann aber die *Zuversicht* gründen, die zwar nicht zur Realisierung unserer Handlungsziele beiträgt, deren wir aber wohl für die Sinngebung unserer Handlungen bedürfen? – Die Frage läßt es so scheinen, als sei die Unverfügbarkeit vernünftiger Praxis eine nachträgliche traurige Einsicht; so daß nun zu prüfen bliebe, ob wir es denn »trotzdem« mit der Vernunft wagen oder nicht doch lieber auf den gesicherten Boden zweckrationalen Handelns zurückgehen sollen.

Tatsächlich gehört der Verzicht auf zweckrationale Verfügung und die ihr eigentümliche Sicherheit jedoch nicht zu den kontingenten Eigenschaften vernünftiger Gemeinsamkeit, sondern zu ihrem Definiens. Vernünftiges Handeln ist eo ipso unüberbietbar auf Hoffnung gestellt. Nun möchte ich mit Kant ein vorbereitendes Handeln aus Hoffnung, die (durch den zugehörigen Fortgang des Handelns) nicht enttäuscht werden kann, einen praktischen *Glauben* nennen. Sofern er zur praktischen Grundlegung eines vernünftigen Lebens gehört, möge er ein *vernünftiger Glaube* heißen. Nach Kants bis heute aktueller Analyse kann die lebenstragende Grundlage der Moral nur in einem vernünftigen Glauben bestehen. Daher meinte Kant andererseits, aus der von ihm unterstellten Tatsache unbeirrbarer moralischer Praxis, Schlüsse auf die Berechtigung und auch den mythisch gefaßten Inhalt eines vernünftigen Glaubens ziehen zu können. Mögen uns auch die Rekonstruktionen der Kantischen Religionsphilosophie im einzelnen nicht mehr überzeugen, so bleibt doch das entmythisierbare Problem, ob und wie ein vernünftiger Glaube ein vernünftiges Leben unenttäuschbar »tragen« kann.

Enttäuschbar ist ein Leben, das eine vernünftige Zukunft über ihre ernsthafte Vorbereitung hinaus garantiert sehen und in diesem Sinne über das Unverfügbare verfügen möchte. Vernunft wird demgegenüber *gelassen* dadurch, daß sie sich auf das hin orientiert, was, indem wir es tun, bereits gelungen und insofern unenttäuschbar ist, *auf das je gegenwärtig mögliche vernünftige Handeln*. Dieses wird in der Regel Handlungen enthalten, die zukünftiges Handeln vernünftig vorbereiten. In diesem Sinne *bemühen* wir uns in der Gegenwart um unsere Zukunft. Dieses Bemühen kann »in der Zukunft« stets scheitern; als gegenwärtiges Handeln aber gelingt es, wenn es denn überhaupt *ernsthaft* getan wird.

Auf das *zukünftige* Gelingen unseres gegenwärtigen Bemühens können wir uns praktisch nur so beziehen, daß wir unser *gegenwärtiges* Handeln ernst nehmen. Die einzige Möglichkeit, diese Realität in einem unenttäuschbaren Leben anzuerkennen, besteht darin, die *Form des* gegenwärtigen *Handelns* und nicht etwa die *Realisierung seiner Ziele* als dasjenige zu begreifen, worauf es im Leben ankommt. Nicht von ungefähr wird daher traditionell und auch in den ethischen Reflexionen Wittgensteins das gelungene Leben mit dem Leben »in der Gegenwart« identifiziert. Wer in diesem Sinne in der Gegenwart lebt, dem kann, wie dem Tugendhaften bei Aristoteles oder demjenigen, »der Gott vertraut«, »nichts geschehen«; er erfährt sich als, mit den Worten des Wittgensteinschen Ethikvortrages, »absolutely safe«.[1]

Es könnte nun so scheinen, als wäre Gelassenheit damit zwar auch wesentlich auf bestimmte argumentative und personale Handlungssituationen beziehbar, kaum jedoch auf das alltägliche, weitgehend zweckrational geordnete Handeln. Nur insofern ein illusionärer Umgang mit dem Unverfügbaren sekundär unser Handeln im Bereich des Verfügbaren beschränkt oder verzerrt,

1 L. Wittgenstein: »A Lecture on Ethics«, in: *Philosophical Review* 74 (1965), 3-12.

ist, so scheint es, unser gesamtes Handeln betroffen. Diese Sicht der menschlichen Situation läßt außer acht, daß wir im Bezug auf *alle* unsere Handlungen, auch z. B. alltägliche technische Verrichtungen, eine dem Handeln überhaupt eignende Unverfügbarkeit beachten müssen:

Selbst da, wo wir uns der Ergebnisse unseres Handelns sicher sein können, gilt dies nicht in gleicher Weise für das entsprechende Handeln selbst. Durch unseren Stoß bringen wir den Stein ins Rollen, nicht jedoch ist da ein Stoß, den wir *uns* geben könnten, so daß wir dann den Stein anstoßen, obwohl eine bildliche Redeweise dies nahelegt: Er gab sich einen Stoß und brachte den Stein ins Rollen. – Wer will aber schon seine Handlungen bewirken? Nun geht es hier nicht um Handlungssituationen der Art, wie sie das Heben des linken Armes mit dem rechten Arm darstellen würde, um »äußere« Kausalhandlungen also; obwohl ein äußeres Bewirken von Handlungen im Rahmen so genannter »Konditionierung« wissenschaftliche Relevanz erhalten hat. Vielmehr liegen Verständnisse nahe und sind in unsere Sprache praktisch wirksam eingearbeitet, nach denen wir unsere intersubjektiv wahrnehmbaren Handlungen gewissermaßen über nur uns selbst zugängliche Handlungen in einer »inneren« Welt hervorbringen. In unserem inneren Leben geben wir uns, so scheint es, die pragmatisch entscheidenden Stöße: Wir fassen Absichten, entschließen uns, bemühen uns strebend usf. Insgesamt sitzen wir, gemäß dieser Illusion, an einem inneren Schaltpult des Willens, verstehen insbesondere unseren Leib als Marionette unserer Willenshandlungen. Wer sich so innerlich um seine (äußerlich wahrnehmbaren) Handlungen bemüht, der, so scheint es, müßte ein *handlungsfähiges* Individuum sein. Ihm stößt, so möchten wir meinen, sein Handeln nicht mehr zu.

Wenn wir jeder Handlung eine private innere Willenshandlung des Handelnden zuordnen, so ist diese Vorstellung allerdings konstruktionsgemäß einer gemeinsamen Kontrolle unzugänglich. Für die gemeinsam konstituierte Welt, in der wir leben, läuft sie funktionslos mit wie das fünfte Rad am Wagen. Darauf hat bereits Wittgenstein hingewiesen, ferner auf die Absurdität, daß die hier unabweisbare Frage nach dem Willen *hinter* den Willenshandlungen uns in einen unendlichen Regress führt. Wenn wir schon die Rede vom »Willen« auf das Handeln überhaupt beziehen wollen, so in der Weise, wie sich die Rede von der Wahrheit zum Behaupten verhält. Die Worte »Wille«, »willentlich« usf. dienen dazu, den *Handlungs*charakter eines Geschehens zu betonen, so wie das Wort »wahr«, wenn wir Frege und Strawson folgen, den *Behauptungs*charakter. Mit Wittgensteins Worten: »›Wollen‹ ist nicht der Name für eine Handlung und also auch für keine unwillkürliche. Und mein falscher Ausdruck kam daher, daß man sich das Wollen als ein unmittelbares, nichtkausales, Herbeiführen denken will.«[2] Und etwas später: »Das Wollen, wenn es nicht eine Art von Wünschen sein soll, muß das Handeln selber sein.«[3]

Häufig verweist das Wort »Wille« allerdings, als Synonym etwa zu »Entschluß« oder »Beschluß«, auf einen Zusammenhang unseres Handelns mit seiner *Vorbereitung*, insbesondere auf Überlegungen und Beratungen, die mit einschlägigen Zustimmungshandlungen enden.[4] Hier steht dann das willentliche Handeln dem unwillkürlichen, dem stereotyp eingeschliffenen, dem verworrenen oder unüberlegten Handeln gegenüber. (Und Zustimmungshandlungen haben wir im übrigen als Teil einer gemeinsamen *sprachlichen* Praxis gelernt, auch wenn wir sie dann im »inneren« Gespräch mit uns selbst ausführen.)

Wenn wir die praktischen Ergebnisse unseres Nachdenkens ausführen können, dann also nicht deswegen, weil wir zuvor besondere Willenshandlungen ausgeführt haben. Wer nun weiß, daß er rauchend dem Lungenkrebs entgegengeht, braucht sich nicht lediglich richtig zu *entschließen*. Im Gegenteil, die vergebliche Mühe solcher illusionärer Willenshandlungen, die einen unverfügbaren Zusammenhang herzustellen trachtet, vermag unserem Handeln durchgehend jene Anstrengung zu verleihen, welcher das gelassene Leben gegenübersteht. Das Fehlen solcher Gelassenheit kann dann mit Handlungsunfähigkeit einhergehen: Statt zu *handeln*, wollen wir *unser Handeln herbeiführen* und können dies natürlich nicht. Dagegen bedeutet Gelassenheit ein Leben, in dem wir unsere Handlungen, insbesondere die Handlungen, die wir vorbereitet haben, tun, ohne dazu einer besonderen inneren Übergangshandlung zu bedürfen.

Einsichten über das für uns richtige Handeln nenne ich insoweit

2 Ders.: *Philosophische Untersuchungen*, I 613.
3 Ebd., I 615.
4 So auch der Rekonstruktionsvorschlag von P. Lorenzen in: *Normative Logic and Ethics* (Mannheim u. a. ²1984), Teil VII.

praktisch, als wir ihnen handelnd folgen. Daß unsere Einsichten praktisch sind, können wir nach dem Gesagten nicht noch einmal handelnd herbeiführen. Wenn es uns so scheint, als bedürften wir noch eines pragmatischen Bindegliedes zwischen unseren Einsichten und unseren Handlungen, so wissen wir lediglich, daß wir noch nicht zu praktischen Einsichten fortgeschritten sind.

Wie verhält sich beim Handeln gemäß praktischen Einsichten das vorbereitende Handeln zum Handeln selbst? – Sie folgen einander, und hier hat das Wort »folgen« den schlichten pragmatischen Sinn des Wortes »dann« etwa in einer Konstruktionsanweisung: Die Handlungen folgen einander »methodisch«, wie die Schritte auf dem Wege. Ein Schritt macht den nächsten Schritt möglich oder sinnvoll, und zusammen bilden sie den (einen bestimmten!) Weg: das Ganze ist hier mehr als die Summe seiner Teile.

Wir sind der beschriebene Zusammenhang unserer Handlungen, wenn wir uns richtig und damit gelassen begreifen. Wir sind nicht hinter unserer Erscheinung und brauchen sie daher auch nicht herzustellen. Wir verlieren diese Identität, wenn wir aus unserer realen Praxis in eine Welt innerer Handlungen und Widerfahrnisse heraustreten. »Das denkende, vorstellende Subjekt gibt es nicht«, formuliert Wittgenstein im *Tractatus Logico-Philosophicus* (5.631).

Bringen wir den letzten Teil unserer Überlegungen auf die Formel »wir verfügen nicht über uns selbst«, so können wir zusammenfassend sagen: In einer *gelassenen* Praxis sind wir der unendlichen vergeblichen Anstrengung enthoben, über die unabänderlichen Bedingungen unseres Lebens (Handelns), über die anderen und über uns selbst zu verfügen.

Bemerkungen zu Verständnis und Wahrheit religiöser Rede und Praxis

1. Zum Kern jeder wahren Religion müßte der Satz zählen, daß wir uns, wenn wir unseren religiösen Reden einen Realitätsbezug geben wollen, nicht außerhalb unseres Lebens (der Grenzen unseres Lebens) aufstellen können.

Wir mögen literarische Fiktionen ersinnen, welche die uns vertrauten Tatsachen oder das grammatische Gerüst, in dem sie auftreten, variieren. Die religiösen Sätze sind aber keine Fiktionen.

Die religiösen Sätze sind auch keine Vermutungen oder Unterstellungen über einen uns gar nicht oder nur über besondere Mitteilungen (eine ›Offenbarung‹) zugänglichen Teil der Welt, etwa das Leben (unsere Fortexistenz) nach dem Tode. Das ›ich glaube …‹ religiöser Sätze gehört gar nicht in die grammatische Gegend der Vermutungen, steht nicht auf *einer* Skala, die vom Wissen zum bloßen Meinen reicht (*faith*! nicht belief). ›Glaubenssätze‹ sind insbesondere keine *weder bestätigten noch widerlegten* Annahmen, denen wir als Lebensorientierung praktisch, und *unbeirrbar*, folgen. Wo sie nur dies sind, haben sie mit wahrer Religion nichts zu tun.

Diskussionen zwischen Naturwissenschaftlern und Theologen über die Frage, ob naturwissenschaftliche Hypothesen (etwa über den Bau und die Entstehung der Welt) den ›Glaubensannahmen‹ widersprechen, gehören in der Regel zum Mißverständlichsten, was über Religion gesagt wird.

Die religiösen Formeln und Sätze vergegenwärtigen das richtig verstandene Leben selbst. Sie bedürfen dazu keiner externen (transzendenten, supranaturalen) Stütze, weder semantisch (für ihr Verständnis) noch, was ihren Wahrheitsanspruch angeht. Im Gegenteil, solche Stützen sind ein Zeichen falscher, im guten Falle naiver, Religiosität. Für eine ›Religion nach der Aufklärung‹ sind sie gefährlich. Sie führen in Situationen, aus denen es scheinbar nur um den Preis, die Aufklärung oder die Religion zu opfern, ein Entrinnen gibt. Und dies ist ja das Dilemma vieler Intellektueller mit der Religion.

Wir könnten solche Vorstellungen, die eine auf die wissenschaftlichen Sätze blickende Aufklärung, der Geist unseres Zeitalters, nahelegt, einen Mangel religiöser Bildung (oder Kultur) nennen.

2. Die religiöse Rede und Praxis vergegenwärtigt die richtige Einstellung zu unserem Leben im Ganzen:
Daß nichts *im* Leben, nicht Menschen, Aufgaben, Situationen, Ereignisse, Gegenstände unser Leben in seinen ernsten Situationen (wirklich) trägt, nur die Einsicht, daß wir uns von der Vorstellung eines solchen sicheren ›Besitzes‹ lösen müssen. Diese Vorstellung und die Suche, die sie leitet, erzeugen das Problem, dessen Lösung sie aufgeben.
Daß der *Sinn* unseres Lebens als *das Leben selbst* ständig vor unseren Augen steht; und es vor dem unermeßlichen Wunder der Erscheinungen unseres Lebens selbst nicht noch irgendwelcher Erklärungen bedarf, welche wir hinter ihm finden, darunter legen könnten. Hier ist kein Vorhang, den wir noch wegzuziehen hätten; oder nur der, den unser falsches Verständnis der Situation des Menschen vor das Leben gezogen hat. – Wenn wir das Mysterium des Lebens (das Leben) unverstellt gesehen haben, können wir beruhigt sterben, es gibt darüber hinaus nichts Neues auf der Welt, das uns der Tod entziehen könnte. Unser Leben ist bereits die ganze Welt. Das ist der Trost der Religion.
Dies sind *Beispiele* für Einstellungen, die wir einer aufgeklärten Religiosität zuschreiben mögen, und nicht schon alles, was hier zu erwähnen wäre. (Und das für die Rekonstruktion des Religiösen modische Wort ›Unverfügbarkeit‹ ist übrigens nicht besonders geeignet, hier die Grenzen abzustecken, das ganze Gebiet unmißverständlich abzuschreiten.)

3. Für die Wahrheit der *richtigen* religiösen Einstellungen sind wir auf Erfahrung angewiesen – wir könnten sie ›religiöse Erfahrung‹ nennen –, auf die Erfahrung nämlich, die wir *in* der richtigen Einstellung *mit unserem Leben* machen (alles kann dabei zum *Anlaß* werden). Daher gibt es hier a priori kein ›positives‹ religiöses Argument. Das richtig verstandene Leben und seine (guten) Erfahrungen müssen wir an uns selbst oder am Leben anderer bereits wahrnehmen, um den Grund für den Rat der Religion (ein)sehen zu können.
Nur der negative Weg kann – für das, was eine ›religiöse Argumentation‹ heißen mag – ›vorher‹ beschritten werden, der Weg

nämlich über die Irrtümer und Mißverständnisse des Lebens, die wir bereits kennen (erfahren haben).

4. Der religiöse Kult muß der gemeinsamen Vergegenwärtigung der wahren religiösen Lebenseinstellungen dienen, wenn er anderes sein soll als die Inszenierung eines Aberglaubens.
Kult und Leben nehmen hier, mit Recht, viele Gestalten an; und keine ist die wahre, bloß weil wir mit ihr (etwa der christlichen) vertraut sind, sie als die uns gewohnte Vergegenwärtigung der den großen religiösen Ausdruckstraditionen gemeinsamen Einsichten um uns haben.
Die höchste Form des Kultes wäre das richtig verstandene und geführte Leben selbst, ohne daß daneben eine eigene und eigentümliche religiöse Praxis bestünde.
Daher ist in den religiösen Dingen das richtige Schweigen über sie immer die höhere Form gegenüber der besonderen religiösen Rede und Praxis.

5. Ist also die wahre Religion atheistisch? – Wenn die Frage den Gottes*leugner* meint, muß die Antwort ›nein‹ lauten. In der richtig verstandenen religiösen Einstellung ›sehen‹ wir Gott ja ›im Leben‹ (›in der Welt‹), sozusagen ›am Werke‹. D. h., wir können hier der Rede von Gott diesen Sinn geben.
Nur mit der ›Existenzaussage‹, daß es einen Gott gibt (›Es gibt Götter, mindestens oder genau einen‹), läßt sich schwer ein guter Sinn verbinden. Und dann können wir einen derartigen Satz auch nicht für wahr halten. Dies läßt uns verstehen, warum die Christen des Altertums mit Recht ›Atheisten‹ genannt wurden. Das Urteil steht auf einem ›grammatischen‹ (›begrifflichen‹) Grunde.

6. Das Verhältnis von Religion und Moral kann nicht das der Ableitung von Normen oder Wertungen aus Glaubenssätzen sein. Die Verbindung der Religion mit der Moral muß immer über das Leben (über die Gestalt, die ein Leben im Ganzen annimmt) hergestellt sein.

Zur Philosophie der Kunst

Thesen über zu einfach gedachte begriffliche Verhältnisse[1]

Das Eigentümliche ästhetischer Erscheinungen und Einstellungen, oder der künstlerischen Tätigkeiten und Produkte, läßt sich weder durch Funktionen noch durch Verfahren noch gar durch besondere Inhalte *abgrenzen*. Es handelt sich hier überhaupt nicht um einen Teil unseres Lebens, welcher einer Charakterisierung seines Wesens durch einheitliche Kriterien, Definitionen und dergleichen zugänglich wäre. (Nicht einmal von einer Familienähnlichkeit dessen, was dazugehört, kann möglicherweise die Rede sein.)

Das Problem, für die Worte »Kunst« und »ästhetisch« eine die gegenwärtig üblichen Zuschreibungen deckende einheitliche Analyse und in diesem Sinne einen »Begriff« der Kunst oder des Ästhetischen zu finden, ist das Ergebnis einer *sprachlichen Verwirrung* und löst sich mit dieser auf. Das semantische Unheil beginnt damit, daß die Worte »Kunst« und »ästhetisch« seit dem 18. und beginnenden 19. Jahrhundert einen diffusen Sondergebrauch erhalten.

Wesentlich ist hier die Herausbildung eines neuen Sinns von »Kunst«, welcher nicht mehr an den Kontext der τέχνη im griechischen Wortsinn, also an von den Produzenten geteilte und gelernte Standards von Handwerk, Technik, kunstfertiger Herstellung usf. gebunden ist. Dieser neue, weitgehend via negativa festgelegte, d. h. mehr aus- als eingegrenzte Gebrauch von »Kunst« garantiert offenbar keinen näheren semantischen Zusammenhang dessen, was hier nun, im nicht-traditionellen Sinne, »Kunst« heißt. Daher sind semantische Analysen zum so genann-

1 Diese Thesen stützen sich auf eine Menge vorläufiger, tagebuchartig formulierter Notizen, die sich noch nicht zu einem ausführlichen, durchformulierten Text zusammenfassen lassen. Den Charakter tentativer kurzer Bemerkungen, wie er meinen Notizen bisher eignet, habe ich für die vorliegende Veröffentlichung nicht wesentlich geändert. Jede Architektonik würde hier Verhältnisse vorspiegeln, welche mir nicht zur Verfügung stehen.
Bei der Vorbereitung dieses Textes hat mir Herr Henry Gerlach in dankenswerter Weise sehr geholfen.

ten »ästhetischen« Gebrauch des Wortes »Kunst« im allgemeinen von den bestimmten Beispielfeldern abhängig, an welche der Autor der Analyse vornehmlich gedacht hat.
Entsprechend hat sich seit dem späten 18. und beginnenden 19. Jahrhundert auch der Gebrauch des Wortes »ästhetisch« aus dem engen Zusammenhang mit dem griechischen Wort »αἴσθησις« gelöst, in welchem er, ohne Eingrenzung auf das heute so genannte Künstlerische im engeren Sinne, in der Leibniz-Schule noch gestanden hat. Das Ästhetische bezieht sich damit nicht mehr auf die (gegenüber der rationalen Deduktion »niedere«) Erkenntnis durch schlichte Wahrnehmung. Es faßt nun Erscheinungen *verbal* zusammen, die einheitliche begriffliche Kommentare kaum noch zulassen.

—

Eines der wichtigsten Probleme, welche dem gegenwärtigen Gebrauch des Wortes »Kunst« (einen praktisch *bestimmten*) Sinn verleihen, besteht darin, daß wir den Situationen und Mitteln unseres Lebens eine *Gestalt* geben (müssen), welche nicht durch Zwecke unseres Lebens festgelegt (festlegbar) ist: Weder bestimmt ja im allgemeinen der Gebrauch eines (Gebrauchs-)Gegenstandes vollständig dessen Aussehen, Material usf.; noch sind etwa Art und Anordnung der (insbesondere räumlichen) Situationen, in welchen sich das Leben vollzieht, durch die Aufgaben, die wir in diesen Situationen zu bewältigen haben, (im einzelnen) festgelegt. Das heißt, es gibt in der Regel *funktionell gleichwertige* Gegenstände und Situationen, welche sich *im übrigen* wesentlich voneinander unterscheiden.
Hier besteht also ein *Spielraum* von Alternativen für die Form, welche wir unserem Leben und seinen Inhalten jeweils geben, Alternativen, bei denen uns für eine Entscheidung zwischen ihnen keine »externen« Zwecke mehr zur Verfügung stehen. Wollen wir in diesem Bezuge unser Leben nicht dem *Zufall* oder einer nicht verantworteten *Konvention* überlassen, so bedarf es »interner« Gesichtspunkte für eine Wahl, die wir als einen *bewußten* Umgang mit dem geschilderten Problem verstehen können. Und hier hat auch ein Teil dessen, was wir als zweckfreie künstlerische Tätigkeit und ihre Produkte kennen, seinen Ort.
Wir müssen dem, was wir »in die Hand nehmen«, eine Gestalt geben. Und dies heißt, daß die *Funktionen* unserer Produkte das Ganze ihrer (fertigen) Erscheinung nicht festlegen. – Im Blick auf

die alte Gegenüberstellung von Form und Inhalt mögen wir auch von der »Form« reden, die wir für das, was wir, kunstvoll, herstellen, finden müssen. Nur darf uns hier die »räumliche«, »logische« oder die auf ein Orientierungssystem bezogene Bedeutung von »Form« (wie auch natürlich andererseits das Wort »Gestalt«) nicht irreführen. – Legt die Funktion die »Gestalt« fest? Im Falle der *darstellenden* Kunst ist dies die Frage, ob der »Inhalt« die »Form« eindeutig bestimmt.

In diesem Sinne also unterscheiden wir *ästhetische* von technischen oder normativen Aspekten, oder auch Lösungen, eines Formproblems. Zum ästhetischen Formproblem können wir uns in verschiedener Weise verhalten:

Wir können etwa vorhandene Lösungen *imitieren* oder *eklektisch* miteinander verbinden (wie in der postmodernen Architektur). – Wir können das durch funktionale oder ökonomische Erwägung nicht Bestimmbare dem *Zufall* überlassen. – Und schließlich können wir die *ästhetische Verantwortung* übernehmen, das heißt, das ästhetische Formproblem praktisch (folgenreich) ernstnehmen. Vor allem auch unsere Individualität erhält erst durch den Überschuß über das funktional Notwendige einen bewußten, freien Ausdruck.

Der ökonomische Gesichtspunkt geht nicht in der Erwägung funktionaler Zweckmäßigkeit auf. Daher können jenseits des Funktionalen *ökonomische* Orientierungen mit *ästhetischen* Gesichtspunkten (solchen einer (ästhetisch) guten Gestalt) *konkurrieren*. – Wir sind umgeben von industriellen Objekten, bei denen es gerade auf die Kunst der Herstellung »dieses Gegenstandes für diese Situation« (auf die Lösung des Formproblems der bestimmten Situation) nicht mehr ankam.

—

Am Ende müssen wir *sehen* (und häufig sehen *lernen*), daß und wie das ästhetische Formproblem (vollendet) gelöst worden ist. Es gibt hier keine Regeln, die wir nur befolgen müßten, damit uns eine Lösung gelingt. – Wenn wir sehen (»wahrnehmen«), daß die Form, die Proportionen etwa, »jetzt richtig« ist, so ist dies das Urphänomen, das keiner weiteren Erklärung bedarf. Das verbindet die Erscheinungen, mit denen wir es hier zu tun haben, mit dem Ästhetischen im ursprünglichen Sinne des Wortes.

Das Urteil über die Qualität einer Lösung des ästhetischen Formproblems gibt keinen *Empfindungen* Ausdruck; obwohl die

Wahrnehmung, die ihm zugrunde liegt, der Anlaß bestimmter Empfindungen werden mag.

Es ist uns nicht möglich, selbst Autor der Lösung *aller* unserer Formprobleme zu sein. Eine wesentliche Aufgabe des Künstlers kann es daher sein, uns hier (für unsere Formprobleme) eine bloße Wahl zwischen bereits gefundenen Lösungen zu ermöglichen oder Elemente für eine von uns selbst geleistete Komposition zustandezubringen. Dies alles zeigt sich besonders deutlich im weiten Bereich des so genannten Design.

Die Kunst kann kaum hoffen, das ästhetische Formproblem jeweils ganz neu zu lösen. Daher ist sie in der Regel darauf angewiesen, einer Tradition zu folgen oder sie zu variieren. – Auch deswegen müssen wir in eine Kunst eingeführt sein.

Ein *Stil* ist eine *allgemeine* Lösung des ästhetischen Formproblems oder ein allgemeiner Rahmen für solche Lösungen.

Die Natur zeigt uns Lösungen des ästhetischen Formproblems. Man denke an die Erscheinungen eines Flusses, Berges, Baumes, einer Blume, Holzmaserung, -farbe usf. (und die klassische Vorstellung von Gott als schöpferischem Künstler.) – Es bedarf einer bestimmten Sicht der Naturerscheinungen, damit uns diese dann als (ästhetisch) *gestaltet* entgegentreten.

Schließlich verbindet sich das Ästhetische mit dem *Ethischen*, in der Frage, wie unser *Leben* (im Ganzen) eine Form (die nicht aus einer vorgefundenen Bestimmung unseres Lebens abzuleiten ist) erhalten kann.

—

Das meiste von dem, was wir gegenwärtig zur Kunst im engeren Sinne zählen, sind andererseits *zweckorientierte* Tätigkeiten und ihre Produkte oder Ergebnisse. Dies gilt für viele literarische Texte ebenso wie für Werke der darstellenden Kunst, wenn diese z. B. eine »Botschaft« vermitteln, bestimmte Situationen vergegenwärtigen, nachvollziehbar machen oder uns zu einer Einsicht bringen sollen. Ähnlich einzuordnen sind Kunstwerke oder -vollzüge, welche Spaß oder entlastete Weisen des Erlebens ermöglichen sollen. (Und insbesondere gehören hierhin Arten der Kunst, welche der Artikulation oder Veränderung unserer Bedürfnisse dienen.[2])

2 F. Koppe hat (*Sprache und Bedürfnis* [Stuttgart 1977], *Grundbegriffe der Ästhetik* [Frankfurt a. M. 1983]) diesem wichtigen Sonderfall besondere Aufmerksamkeit gewidmet, ihn allerdings ins Allgemeine eines

Die Sprache für den *genauen* Ausdruck etwa einer Lebenssituation oder unserer Gestimmtheiten und Gefühle zu verwenden, ist eine hohe Kunst, eine Art von geistigem Handwerk. Und hier haben wir wieder den alten Gebrauch des Wortes Kunst: In und mit der Sprache und den bildlichen Mitteln können wir viele Künste treiben.
Auch für diese stellt sich *dann* das ästhetische Formproblem im engeren Sinne; das heißt, die Zwecke der (darstellenden, ausdrükkenden, anklagenden usf.) Kunst legen die Gestalt der Werke nicht fest. – Die Kunst, welche der Lösung des (ästhetischen) Formproblems gewidmet ist, verbindet sich mit den funktional orientierten Künsten in vielfältiger Weise.

—

Die Zwecke der Kunstausübung begründen zugleich *Maßstäbe*, nach denen wir das Werk beurteilen. – Wenn es aber um die Lösung des *ästhetischen* Formproblems geht: Wie gehen wir hier mit unseren *Bewertungen* vor?
Was erfahren wir, wenn wir unter diesem Aspekt in eine bestimmte Kunst eingeführt, uns bestimmte Kunstwerke »erklärt« werden, etwa Webteppiche einer bestimmten Machart und Tradition? – Man zeigt uns etwa Techniken und Regeln der Herstellung, dann eingeführte Muster und Motive, weist auf deren Zusammenhänge mit regionalen Lebensformen und ihrer Geschichte hin, in denen diese Kunst ihren Sitz hat. So werden uns die Formorientierungen, denen die Hersteller der Kunstwerke folgen, die Möglichkeiten, in deren Rahmen sie sich hier bewegen, klar. – Man wird uns dann vielleicht auch die *Meisterwerke* zeigen, und wir können *an ihnen* sehen, wie sie sich vom bloßen oder gar schlechten Beherrschen des (ästhetischen) »Handwerks« abheben. – Und ist es nicht zum Beispiel mit musikalischen Formen so ähnlich.
Die Meisterwerke müssen am Ende für sich selber sprechen, auch wenn sich im allgemeinen vieles als »das Besondere« an ihnen hervorheben läßt.
Es scheint, als bedürfe es eines Kriteriums, um *Kunstwerke* von anderen Gegenständen und Ereignissen unterscheiden zu können: das dann Differenzierungen ermöglicht, die uns *Maßstäbe*

Gesamtverständnisses der Kunst ausgezogen, der Versuchung einer so scheinbar möglichen Wesensbestimmung ein Stück weit erliegend.

für besondere Gebiete der Kunst oder für Kunststile und schließlich Werkarten geben. So daß wir nicht nur bestimmte Tonfolgen, Bilder oder Texte als Kunst(werke) identifizieren können, sondern auch ein Kriterium für die (künstlerisch) gute Klaviersonate, den guten Roman usf. haben.
Müssen nicht die Kriterien der Kunstartigkeit allgemein und der künstlerischen Qualität im besonderen die Form von Definitionen oder ähnlichem haben? – Was wäre denn die Alternative?
Für Kunstwerke ist ein *jeweiliger* Maßstab ihrer Verfertigung konstitutiv. Der Maßstab sind andere, »bessere« Kunstwerke, nicht ein »allgemeines« Kriterium: Dieser Tempel der klassischen Zeit stellt alles andere seinesgleichen in den Schatten. – Wenn du sie tanzen gesehen hättest, wüßtest du, was es heißt, einen Walzer zu tanzen. – Dies sind Bemerkungen, in denen sich zeigt, daß wir den Vergleichsmaßstab den Kunstwerken selbst entnehmen können.
Die *Erfindung* einer *neuen* Kunst, einer neuen Weise, eine Kunst auszuüben, eines neuen Stils usf., durch einen Einzelnen ist möglich. Und dann kann dies gelernt, besser oder schlechter nachgeahmt, variiert werden.
Wo das *Meisterwerk* die Regeln nicht einhält, darf es sich nicht um »zufällige« Abweichungen handeln; diese wären bloß *Fehler*. Demgegenüber *verändert* das Meisterwerk, wo es von den bisherigen Orientierungen abweicht, *die Maßstäbe*. – Es wird erst dadurch zu dem, als das wir es beurteilen. Und bei den neuen Orientierungen geht es in der Regel nicht bloß um neue Zwecke.
Die Wendung »Dies ist ein Meisterwerk, weil ...« formuliert nur in einem schwachen Sinne Gründe: Wir können so die Unterschiede zwischen den Meisterwerken und den bloß kunstgerecht hergestellten Produkten beschreiben; aber kein Kriterium (für alle anderen Fälle) daraus machen.
Das Meisterwerk ist nicht das Werk, dem allgemein applaudiert wird, etwa von der Kunstkritik. Ob es anerkannt, nämlich *maßgebend*, wird, werden wir häufig erst sehen müssen.

—

Kunst, die funktional ist, z. B. Ausdruckszwecke verfolgt, könnten wir *relativ* nennen. Dann ginge es uns bei der ästhetischen Form im engeren Sinne sozusagen um das *Absolute* am Kunstwerk.

Es gibt *absolute Kunstwerke*, Kunstwerke, welche überhaupt keinen »normalen« (funktional definierten) Gebrauch besitzen, sondern als *bloße* Gegenstände oder Vollzüge der *Betrachtung* zu verstehen sind. Hier handelt es sich um Werke, die wir nicht verstehen, wenn wir mehr als *Beschreibungen* erwarten würden. Kommentare, welche etwa eine Absicht oder eine Ausdrucksfunktion nennen, sind dann nur *intern*, als Teil der Beschreibung möglich. Dem absoluten Kunstwerk entspricht als Praxis die *absolute Betrachtung*:

Im allgemeinen dient uns die Betrachtung eines Gegenstandes oder einer Situation zu mancherlei Zwecken. Wir betrachten eine Landkarte, um den Weg zu finden, einen Raum, um Gesichtspunkte für seine Einrichtung zu erhalten, ein Bild, um uns seine Botschaft zu vergegenwärtigen. Und dies ist in jedem Falle nur ein Zweck unter vielen, an die wir denken könnten.

In der *absoluten* Betrachtung wenden wir uns dem Gegenstand oder der Situation, mit der wir betrachtend *umgehen*, in reiner, nicht funktional geleiteter, aufmerksamer Wahrnehmung, in der *»ästhetischen Einstellung«* zu. Und die uns z. B. bei musikalischen Kompositionen und Aufführungen vertraute (»ästhetische«) *Kultur der zweckfreien Unterscheidung* ist ein (begrifflich) »interner« Teil der Form tätiger Betrachtung.

Wesentlich für den ästhetisch betrachtenden Umgang mit natürlichen oder künstlich hergestellten Situationen, Geschehnissen und Gegenständen ist ein Verständnis, welches wir etwa mit Ausrufen wie »einzigartig«, »herrlich«, auch »schön«, kundtun.

Sind die Beschreibungen einer *»einzigartigen«* Erscheinung, etwa eines Naturereignisses, einer Darstellung, einer Komposition Gründe dafür, daß wir sie so (»herrlich«, »schön« usf.) nennen? Oder sind sie nicht vielmehr sprachliche Gesten, mit denen wir uns auf die Einzelheiten dessen, was hier für uns das Einzigartige ist, aufmerksam machen? (»Sieh doch, dort... und dies...!«)

Warum ist dies einzigartig? – Diese Frage ist nur genetisch, nicht begründungsorientiert sinnvoll. Weder kann uns hier eine Eigenschaft (des Einzigartigen) noch eine Empfindungsrelation als dasjenige genannt werden, was den »Grund« der Einzigartigkeit abgibt. Allenfalls mag eine Kennzeichnung der *gemeinten* Singularität (falls sie eingebettet in hier Unerhebliches auftritt) sinnvoll sein, gewissermaßen die Hervorhebung, das Zeigen dessen, was denn nun – hier – das Einzigartige sei. So mag jemand auf das

Einzigartige der Wolkenformation bei einem Gewitter hinweisen (oder überhaupt auf die Wolkenformationen bei Gewittern). Und mit den Details der Wolkenformation könnten wir wieder so verfahren. Am Ende aber erfahren wir immer nur, was das Einzigartige ist, nicht »warum« es dies ist – im Unterschied etwa zur Angabe eines Zweckes, den etwas auf besondere Weise erfüllt, oder dessen, was wir, aus Gründen, vorziehen.

Wie gehen wir mit dem Einzigartigen um? Wie identifizieren wir es, grammatisch? – Nun, wir wenden uns ihm auf besondere Weise zu: suchen es auf, liefern ausführliche Beschreibungen, kümmern uns um seine Erhaltung, bedenken es mit Ausdrücken der Wertschätzung, umgeben es mit Handlungen der Feier usf. Soweit es sich um eine »Sorte« von Gegenständen, Ereignissen usf. handelt, verbindet sich damit eine Kultur des Vergleichs, der kunstvollen Herstellung (man denke etwa an musikalische oder ornamentale Formen).

Fällt das Einzigartige lediglich aus dem Rahmen? – Das Einzigartige ist hier eben nicht durch die »Eigenschaft« charakterisiert, das einzige oder das besondere Exemplar (einer bestimmten Sorte) zu sein. (Siehe die ästhetischen Paradoxien von Original und Kopie.)

Beim ästhetisch Einzigartigen ist nichts zufällig, alles wunderbar. Und hier steht das »Wunder« in Opposition zum Erklärten *wie zum Unerklärten*.

Erklärungen sollen die Kontingenz aufheben, die Welt entzaubern.

Naturwissenschaft hätte sich mit der ästhetischen Grundeinsicht zu verbinden: daß nämlich durch Erklärungen die Wunder größer werden.

Die zwecklose Regelmäßigkeit erstaunt uns mehr als der regellose Zufall.

Wir nehmen das Gewitter als schön, herrlich usf. wahr, aber auch als schrecklich, disharmonisch, häßlich (dagegen das *schöne* Wetter). Ästhetische Urteile sind, so scheint es also, der Ausdruck subjektiver Empfindungen (›Wahrnehmungen‹). Daß etwas, für uns, herrlich, schön, einzigartig ist, *heißt* aber nicht, daß es uns *angenehme Empfindungen* bereitet, auch wenn die absolute Betrachtung mit solchen Empfindungen einhergehen mag: Immer dann, wenn eine normale Relation festgestellt wird, etwa zwischen uns und bestimmten Ereignissen, Zuständen, Gegenständen (daß sie uns gefallen z. B.), können wir diese noch in eine *ästhetische* Perspektive rücken. Wir können das Schreckliche, das Unangenehme, das Häßliche, oder seine Darstellung, »ästhetisch« als großartig, herrlich, schön bewerten. Und das zeigt uns die Schwierigkeiten, das Ästhetische mit einer bestimmten (besonderen) Wahrnehmung oder Empfindung zu verbinden. Die ästhetischen Worte sind eben nicht als *Prädikate* an bestimmte Erscheinungen (Situationen, Gegenstände usf.) gebunden, sondern *Ausdruck* der (absoluten) ästhetischen *Einstellung*. – Insofern ist der ästhetische »Naturalismus« ein grammatischer Irrtum.

Für die ästhetische Einstellung sind Erscheinungen (etwa Naturereignisse, Geschichten oder Situationen) besonders geeignet, die sich nicht ohne weiteres in eine teleologische, kausale oder strukturelle Ordnung bringen lassen.

Wie lehrt uns ein Kunstwerk, es selbst oder eine vertraute Erscheinung – sagen wir eine Farbe, ein Gesicht, einen bestimmten Gesichtsausdruck, eine Landschaft, eine Blume, eine musikalische Komposition, einen Garten – als eine (absolute) Besonderheit zu sehen? – Einen Gegenstand herzustellen, der die ästhetische (und d. h. insbesondere: nicht-funktionale) Einstellung *paradigmatisch* ermöglicht – dies können wir, paradox, als die »absolute« Funktion bezeichnen.

Die besondere Achtung und Anerkennung, welche wir dem Werk des Künstlers in der ästhetischen Einstellung entgegenbringen – sie zeigt sich in der Kultur der Wahl, der Aneignung in besonderen Formen des Umgangs (der Beschreibung, Hervorhebung usf.).

Der ästhetischen Einstellung bei der Betrachtung entspricht die ästhetische Einstellung, mit der der *Künstler* sein Werk begleitet. – Der besonderen Achtung, mit der wir jedem Aspekt des Kunstwerks begegnen, entspricht der Ernst, mit der sich der Künstler – der Idee nach – um jeden Aspekt seines Produktes kümmert, die individualisierte, auf die Besonderheit des Werkes bedachte Herstellung, die Heraushebung aus seinen Funktionen, etwa durch den Schmuck.

—

Auch der (sinnvolle) Gebrauch des Wortes »schön« ist verzweigt und nicht durch eine Art von allgemeiner Definition zu umgrenzen: Als Ausdruck der ästhetischen Einstellung (der Einstellung absoluter Betrachtung) ist das Wort »schön« oben schon begegnet.

Dann beurteilen wir Kunstwerke und ihre Themata als »schön«, und zwar so, daß wir es hier mit einem *Wahrnehmungsurteil zweiter Stufe* zu tun haben. Das Wort »schön« steht in diesem Falle auf einer grammatischen Ebene mit Worten wie »angenehm«, »unerträglich« usf. (genauer: mit einem bestimmten Gebrauch dieser Worte). Wahrnehmungen zweiter Stufe betreffen normale Wahrnehmungen, z. B. Empfindungen, und enthalten zugleich bereits eine *Bewertung* der Wahrnehmungen, auf welche sie sich beziehen. So nehmen wir ein bestimmtes musikalisches Thema nicht nur wahr, sondern hören diese Wahrnehmung zugleich als Wohlklang; oder wir beurteilen die fühlbaren Eigenschaften eines Stoffes als »angenehm« (wobei differenzierende Ausdrücke wie »samtig« zudem auf beiden Ebenen der Wahrnehmung operieren mögen). – Die »ästhetische« Wahrnehmung einer Empfindung ist allerdings nicht selbst eine Empfindung, d. h. das Angenehme, Schöne usf. kein spezifischer Inhalt einer Empfindung, der zu unseren sonstigen Empfindungen hinzutreten könnte (im Unterschied etwa zu den Verhältnissen beim Gebrauch von »angenehm« im Sinne von »wohlig« oder »behaglich«).

Nicht nur mit unserer direkten Wahrnehmung, sondern überdies mit den sie begleitenden *Konnotationen* und ihrer Wahrnehmung und Bewertung, hängt die Unterscheidung zwischen schönen und häßlichen Themata darstellender und expressiver Kunst zusammen.

Ferner dient uns das Wort »schön« zum Ausdruck der *Vollendung*, etwa im Urteil, daß eine Lösung des ästhetischen Formproblems vollständig gelungen sei.

In diese Gegend (des Sprachgebrauchs) gehören ästhetische Konfliktsituationen und damit zusammenhängende klassische Vorstellungen der *Harmonie*: zwischen *Funktion* und (ästhetischer) *Form* (das ästhetische Formproblem kann sich etwa gegenüber funktionalen Gesichtspunkten verselbständigen), zwischen *Thema* und *Form* (bezogen etwa auf eine Situation, in welcher dem ästhetisch Absoluten das im Wahrnehmungssinne schöne Thema, die ästhetische Lust, im Wege steht), schließlich zwischen *Funktion, Thema und Form*.

—

Das (absolute) Kunstwerk lehrt uns, die Welt richtig zu sehen.
Das Paradigmatische der absoluten Kunst fordert uns auf: Sieh die Welt so wie diesen »Gegenstand«! (im Unterschied etwa zu den »Beispielen«, mit denen wir eine Unterscheidung »sortenartig« erläutern).
Das absolute Kunstwerk ist eine produzierte Singularität, wie das Leben eine vorgefundene Singularität ist.
Das absolute Kunstwerk stellt den Sinn der Welt nicht dar, es ist gewissermaßen (paradigmatisch) seine Gegenwart.
Das absolute Kunstwerk teilt nichts mit. Mit ihm drückt der Künstler sich, etwa seine Bedürfnisse, Gefühle und Empfindungen, nicht aus.
Drückt das (absolute) Kunstwerk aus, was es *vergegenwärtigt?* – Das absolute Kunstwerk vergegenwärtigt seine Einzigartigkeit (als Gegenstand). – Diese Einzigartigkeit ist allerdings keine Eigenschaft, die nun »nachträglich« auch noch ausgedrückt, mitgeteilt, erinnert (»vergegenwärtigen« kann ja dies heißen) werden kann oder soll.
Das (absolute) Kunstwerk ist kein funktionales und daher auch kein technisches Produkt. – Auch die absolute Kunst hat, andererseits, ihre Techniken (Formen). Nur im Zusammenhang damit (im Kontrast) ist schließlich die klassische Formulierung, das Genie kenne keine (nur seine eigenen) Regeln, sinnvoll.
Der *Schmuck* der Gebrauchsgegenstände läßt sich als eine Weise verstehen, die nutzenbezogene Wahrnehmung dieser Dinge zu durchbrechen. Der Schmuck, der dem Genuß (etwa der Farben und Töne) dient, kann dem Schmuck im Wege stehen, der einen Gegenstand »absolut« sehen läßt. Die absolute Kunst hat also die bloße Augenweide und den Ohrenschmaus zu vermeiden oder sie selbst erst zu einem ästhetischen Gegenstand zu verändern.
Es ist schwer, ein funktionales Produkt mit einem absoluten Kunstcharakter zu verbinden. Das absolute Kunstwerk muß den Blick von den äußeren Funktionen abziehen. Dies kann eine »Funktion« des Schmuckes sein.
Das ästhetische Formproblem stellt sich für die *funktionale* ebenso wie für die *absolute* Kunst. Es lösen zu wollen, heißt eben, die Erscheinung *unabhängig von ihren Funktionen ernst zu nehmen*; und das verbindet das Formproblem (noch des Design) mit der absoluten Kunst.

—

Die ästhetisch »einzigartige« Erscheinung vergegenwärtigt paradigmatisch die Einzigartigkeit der *ganzen Lebenssituation*.
Das faktische Geschehen selbst bereits als Grundlage des Lebenssinnes begreifen: daß »es seinen Sinn in sich selbst trägt«, – die Einbettung der Erscheinungen unseres Lebens in Erklärungen, Ordnungen läßt uns dies nicht allgemein sehen. So bedürfen wir seiner Vergegenwärtigung durch das *Ästhetische*.
Das (ästhetisch) Einzigartige kann beliebig und muß doch für diese Vergegenwärtigungsaufgabe besonders geeignet sein.
Die Kunst löst das Rätsel des Lebens, indem sie uns zeigt, daß die Erscheinungen selbst die Antwort sind und nicht etwas, welches sie (die Erscheinungen) noch erklären müßte oder könnte.
Erst die Verbindung mit dem »Wohlgefallen« am Leben (wie es ist) macht das »ästhetisch« Einzigartige aus.
Wenn wir dem gescheiterten oder zerstörten Leben ästhetische Würde geben, so heben wir damit das moralische Urteil, oder gar die Verurteilung, nicht auf. Mit unserem Leben übereinzustimmen, heißt nicht, die Revolution der schlechten Verhältnisse in ihm zu beenden.

III. Bemerkungen zu Kant und Wittgenstein

Autonomie, mit Kant betrachtet
Zu den Grundlagen von Handlungstheorie und Moralphilosophie

»So muß der Philosoph wissen, welche Perspektive er einzusetzen hat, wenn es ... darum geht, über ›Freiheit‹ etwas auszusagen.«
Friedrich Kaulbach

Die *Tat*-Sachen, die mit den Handlungen der Menschen zusammenhängenden Sachen, griech. πϱάγματα, bereiten der Philosophie seit langem besondere Schwierigkeiten. Obwohl sie auf der Erde die natürlichen Dinge und Geschehnisse rasch zunehmend verdrängen, ist das Verständnis des Menschen als eines *handelnden* Wesens nicht einmal so weit fortgeschritten, daß das Grundsätzliche als unbestritten geklärt und beachtet gelten kann. Angezeigt wird dies nicht zuletzt dadurch, daß nach über zwei Jahrtausenden philosophischer Bemühung *Handlungstheorien* in Gesellschaftswissenschaften und Linguistik mit dem Anspruch des neu Entdeckten in die wissenschaftliche Welt treten können.
Ein angemessenes Verständnis dessen, was das heißt: *handeln*, wird nicht wenig erschwert durch die argumentative Wirksamkeit von Ansätzen, die Handlungen wie *Naturphänomene* betrachten. Heute treten solche Ansätze vor allem im Gewande des handlungstheoretischen Behaviorismus auf. Diese Theorien wiederum führen zum Teil weit in die Philosophiegeschichte zurückreichende deterministische Vorstellungen fort. Es ist daher nicht verwunderlich, daß für ihre Einordnung und Beurteilung erstmals von Kant in der *Kritik der reinen Vernunft* vorgetragene handlungstheoretische Analysen und Argumente noch immer aktuell sind.
Kant diskutiert das hier einschlägige pragmatische Grundproblem insbesondere in seinen Erörterungen zur dritten der in der *Kritik der reinen Vernunft* behandelten Antinomien, der kurz so genannten *Freiheitsantinomie* (B 472-479, B 560-586). Die Frei-

heitsantinomie formuliert ein Dilemma der klassischen Metaphysik, dem Kant durch die von ihm vorgeschlagene *kritische* Wende der Philosophie zu entgehen sucht. Zunächst sei die Antinomie selbst geschildert, dann Kants Auflösung diskutiert.
Die Antinomie resultiert Kant zufolge aus zwei einander ausschließenden Thesen. Die *autonomistische* »Thesis« lautet (B 472):

»Die Kausalität nach Gesetzen der Natur ist nicht die einzige, aus welcher die Erscheinungen der Welt insgesamt abgeleitet werden können. Es ist noch eine Kausalität durch Freiheit zur Erklärung derselben anzunehmen notwendig.«

Dagegen besagt die *deterministische* »Antithesis« (B 473):

»Es ist keine Freiheit, sondern alles in der Welt geschieht lediglich nach Gesetzen der Natur.«

Nicht diese Thesen selbst stellen selbstverständlich die Antinomie bereits schlichtweg dar – es könnte ja nur eine der beiden Behauptungen gelten. Vielmehr ist eine Antinomie nach dem üblichen Sprachgebrauch erst dann gegeben, wenn für beide einander widersprechenden Aussagen eine vorderhand plausible Begründung gegeben werden kann. – Für die *Thesis* der Antinomie gelingt dies dem von Kant wiedergegebenen Beweis zufolge durch Rückgriff auf ein *Endlichkeitsprinzip* für kausale Erklärungen, das Kausalketten mit unendlichem Regress ausschließt: Zulässige kausale Erklärungen müssen demgemäß nach endlich vielen Schritten bei »ersten« (oder »letzten«) Ursachen enden. Wird dieses Prinzip, wie in der vorkantischen Metaphysik weithin der Fall, akzeptiert, so müssen, wenn man nicht das kausale Erklären überhaupt aufgeben will, Ursachen zur Verfügung stehen, die selbst nicht verursacht worden sind. Insofern dies für den Bereich der von Kant so genannten »Kausalität nach Gesetzen der Natur« nicht der Fall ist, ergibt sich die Thesis der Antinomie: es muß außerdem eine »Kausalität aus Freiheit«, d. h. in der Ausdrucksweise des Thesis-Beweises: »eine *absolute Spontaneität* der Ursachen, eine Reihe von Erscheinungen, die nach Naturgesetzen verläuft, *von selbst* anzufangen«, geben.
Der von Kant angegebene Beweis für die *Antithesis* hat als Voraussetzung eine bestimmte Beschreibung dessen, wie eine Handlung zustande kommt. Kant nennt *Handlung* ein Geschehen, mit dem eine Geschehensfolge »schlechthin« oder »von selbst« ange-

fangen wird; und die Antithesis der Freiheitsantinomie hat es dann insofern mit der *Möglichkeit von Handlungen* zu tun. Was das Verständnis einer Handlung nun näherhin angeht, so werden in der von Kant vorgetragenen Argumentation zwei Zustände voneinander unterschieden: der Zustand, in dem die Ursache der Handlung *vor* der Handlung, als »noch nicht handelnde«, ist, und der Zustand, der mit dem Anfang der Handlung eintritt, »der dynamisch erste Anfang der Handlung« (B 474). Soll der zweite Zustand aus dem ersten Zustand »erfolgen«, soll also nicht nur eine zufällige Aufeinanderfolge vorliegen, so muß andererseits, argumentiert der Beweis der Antithesis, offenbar ein kausaler Zusammenhang der beiden Zustände gegeben sein. Damit läßt sich der zweite der genannten Zustände nicht als selbst nicht verursachter Beginn (»dynamisch erster Anfang«) einer Handlung konzipieren. Handlungen als schlechthinnige Anfänge von Kausalketten sind also unmöglich, »ein leeres Gedankending« (B 475): »Wir haben also nichts als Natur, in welcher wir den Zusammenhang und Ordnung der Weltbegebenheiten suchen müssen.« (ibid.) Ich möchte mich den Problemen der skizzierten Argumentation jetzt nicht im einzelnen zuwenden. Es kommt mir hier zuvörderst nicht auf die *Mängel* traditioneller metaphysischer »Beweise« an, sondern auf den systematischen Kern der von Kant B 559 ff. vorgetragenen *Auflösung* der Freiheitsantinomie:

Kant beginnt seine eigenen systematischen Erwägungen mit der Unterscheidung zweier Freiheitsverständnisse, der »Freiheit im kosmologischen Verstande« und der »Freiheit im praktischen Verstande«. Bei der *Freiheit im kosmologischen Verstande* geht es »um das Vermögen, einen Zustand von selbst anzufangen« (B 561). In diesem Sinne *frei* wird ein Zustand herbeigeführt, wenn er nicht auf Grund eines Naturgesetzes »verursacht« wird. Mit Kants Worten handelt es sich hier um eine Freiheit, »deren Kausalität also nicht nach dem Naturgesetze wiederum unter einer anderen Ursache steht, welche sie der Zeit nach bestimmte« (ibid.). Kant ist der Meinung, daß Freiheit im kosmologischen Verstande »in keiner Erfahrung« angetroffen (nachgewiesen) werden kann, »weil es ein allgemeines Gesetz, selbst der Möglichkeit aller Erfahrung, ist, daß alles, was geschieht, eine Ursache, mithin auch die Kausalität der Ursache, die *selbst geschehen*, oder entstanden, wiederum eine Ursache haben müsse; wodurch denn das ganze Feld der Erfahrung, so weit es sich erstrecken mag, in einen Inbegriff bloßer Natur verwandelt wird« (ibid.). Daher kann Freiheit im kosmologischen Verstande Kant zufolge nur in der Form einer »reinen transzendentalen Idee« konzipiert werden. Als Handelnde treten wir, wenn auch nur der Idee nach, aus dem Zusammenhang der Naturkausalität heraus.

Auf die Idee der Freiheit im kosmologischen Verstande gründet sich nach Kant der von ihm so genannte »*praktische* Begriff« der Freiheit (ibid.). »Freiheit im praktischen Verstande« definiert Kant als die »Unabhängigkeit der (menschlichen) Willkür von der Nötigung durch Antriebe der Sinnlichkeit« (B 562). Nur wenn Freiheit im kosmologischen Verstande als möglich unterstellt wird, macht es einen Sinn, den Menschen als Urheber von *Handlungen* und damit eines Geschehens zu begreifen, das nicht lediglich Wirkung der Naturkausalität seiner sinnlichen Antriebe ist. Nur dann können wir davon ausgehen, daß, mit Kants Worten, »dem Menschen ein Vermögen beiwohnt, sich, unabhängig von der Nötigung durch sinnliche Antriebe, von selbst zu bestimmen« (ibid.):

»Man sieht leicht, da, wenn alle Kausalität in der Sinnenwelt bloß Natur wäre, so würde jede Begebenheit durch eine andere in der Zeit nach notwendigen Gesetzen bestimmt sein, und mithin, da die Erscheinungen, sofern sie die Willkür bestimmten, jede Handlung als ihren natürlichen Erfolg notwendig machen müßten, so würde die Aufhebung der transzendentalen Freiheit zugleich alle praktische Freiheit vertilgen.« (ibid.)

Wie aber ist nun Freiheit im kosmologischen Verstande und damit die Auflösung der Freiheitsantinomie möglich? Kants Antwort auf diese Frage stützt sich auf drei handlungstheoretische Grundbehauptungen:

Die *erste These* ist das pragmatisch zugespitzte Prinzip, welches die kritische Wende in Kants Philosophie eingeleitet hat, die Behauptung nämlich, daß unser *Erfahrungswissen* durch einen *Handlungszusammenhang* hervorgebracht worden ist und daher selbst gar nicht unabhängig von den für es konstitutiven Handlungen angemessen verstanden und beurteilt werden kann. Kant spricht in bezug auf den Inhalt des pragmatisch begriffenen Erfahrungswissens von *Erscheinungen,* in Abhebung von einem Empirieverständnis, das die Ergebnisse der theoretischen Arbeit des Menschen als unabhängig von dieser, quasi natürlich vorhanden, als von Kant so genannte *Dinge an sich* verkennt. Mit dieser

Terminologie formuliert Kant die genannte Grundeinsicht der *Kritik der reinen Vernunft* B 564 f. wie folgt:

»[...] sind Erscheinungen Dinge an sich selbst, so ist Freiheit nicht zu retten. Alsdenn ist Natur die vollständige und an sich hinreichend bestimmte Ursache jeder Begebenheit, und die Bedingung derselben ist jederzeit nur in der Reihe der Erscheinungen enthalten, die, samt ihrer Wirkung, unter dem Naturgesetze notwendig sind. Wenn dagegen Erscheinungen für nichts mehr gelten, als sie in der Tat sind, nämlich nicht für Dinge an sich, sondern bloße Vorstellungen, die nach empirischen Gesetzen zusammenhängen, so müssen sie selbst noch Gründe haben, die nicht Erscheinungen sind.«

Positiv gesagt, handelt es sich dabei um Gründe, die auf *Handlungen*, nicht Naturzustände führen. Wer also empirisch die Möglichkeit von Handlungen im Sinne der Kantischen Definition bestreitet, kann dann keine Antwort mehr auf die Frage, was er tut, wenn er Empirie betreibt, geben.
Kants *zweite Grundbehauptung* stützt sich bereits auf diese Einsicht. Handelnde Wesen lassen sich auf zweierlei Weise zum Gegenstand der Erörterung machen: erstens in der Form der wahrnehmbaren »Erscheinungen« im Kantischen Sinne des Wortes, die wir handelnd hervorbringen; zweitens als Subjekte dieser »Wirkungen«, die selbst konstruktionsgemäß nicht Teile der Welt der Erscheinungen, der »Sinnenwelt«, wie Kant auch sagt, sind. Da die Handlungssubjekte, obwohl sie Erscheinungen »bewirken«, nicht selbst erscheinen, nennt Kant sie »Dinge an sich selbst« (»intelligibel«):

»Ich nenne dasjenige an einem Gegenstand der Sinne, was selbst nicht Erscheinung ist, *intelligibel.* Wenn demnach dasjenige, was in der Sinnenwelt als Erscheinung angesehen werden muß, an sich selbst auch ein Vermögen hat, welches kein Gegenstand der sinnlichen Anschauung ist, wodurch es aber doch die Ursache von Erscheinungen sein kann: so kann man die *Kausalität* dieses Wesens auf zwei Seiten betrachten, als *intelligibel* nach ihrer *Handlung*, als eines Dinges an sich selbst, und als *sensibel*, nach den *Wirkungen* derselben, als einer Erscheinung in der Sinnenwelt.« (B 566)

Aus diesen Unterscheidungen ergibt sich für Kant dann schließlich auch die Auflösung der Freiheitsantinomie: Thesis und Antithesis widersprechen sich nur, wenn der methodische Sprung von der sensibel orientierten zur intelligibel orientierten Betrachtungsweise der Handlungen nicht beachtet wird. Tatsächlich bezieht sich aber die Thesis auf das *intelligible* Subjekt einer Handlung, die Antithesis auf die von ihm bewirkten *Erscheinungen:*

»[...] da würden wir an einem Subjekt der Sinnenwelt erstlich einen *empirischen Charakter* haben, wodurch seine Handlungen, als Erscheinungen, durch und durch mit anderen Erscheinungen nach beständigen Naturgesetzen im Zusammenhang ständen, und von ihnen, als ihren Bedingungen, abgeleitet werden könnten, und also, mit diesen in Verbindung, Glieder einer einzigen Reihe der Naturordnung ausmachten. Zweitens würde man ihm noch einen *intelligiblen Charakter* einräumen müssen, dadurch es zwar die Ursache jener Handlungen als Erscheinungen ist, der aber selbst unter keinen Bedingungen der Sinnlichkeit steht und selbst nicht Erscheinung ist.« (B 567)

Damit verbindet sich die *dritte handlungstheoretisch wesentliche These* Kants: Das handelnde Subjekt darf nicht als eine »innere Welt« verstanden werden, in der wiederum, wenn auch nicht wahrnehmbare, Handlungen, zeitlich und kausal geordnet analog zu den Naturvorgängen, stattfinden, eine innere Welt, von der dann Kausalketten hinüber in die äußere Welt der Erscheinungen reichen:

»Dieses handelnde Subjekt würde nun, nach seinem intelligibelen Charakter, unter keinen Zeitbedingungen stehen, denn die Zeit ist nur die Bedingung der Erscheinungen, nicht aber der Dinge an sich selbst. In ihm würde keine *Handlung entstehen*, oder *vergehen*, mithin würde es auch nicht dem Gesetze aller Zeitbestimmung, alles Veränderlichen, unterworfen sein: daß alles, was *geschieht, in den Erscheinungen* (des vorigen Zustands) seine Ursache antreffe. Mit einem Worte, die Kausalität desselben, so fern sie intellektuell ist, stände gar nicht in der Reihe empirischer Bedingungen, welche die Begebenheit in der Sinnenwelt notwendig machen.« (B 568 f.)

Fassen wir Kants Handlungstheorie nun noch einmal in wenigen Kernsätzen zusammen: Handelnde Wesen sind charakterisiert durch das Vermögen, eine Reihe von wahrnehmbaren Erscheinungen »von selbst« anzufangen. Die handelnd bewirkten *Erscheinungen* unterliegen als solche der Möglichkeit kausaler Erklärung wie normale Naturvorgänge. Unser kausal strukturiertes Verständnis von Naturvorgängen und damit auch Handlungen ist selbst Ergebnis von Handlungen. Das handelnde Subjekt hat damit insbesondere nicht die Struktur einer inneren Natur mit kausal determinierten inneren Vorgängen, die durch einen psychophysischen Kausalmechanismus in die Welt der äußeren Erscheinungen hineinwirken. In diesem Sinne hat das handelnde Subjekt keinen empirischen Inhalt; in Kants Ausdrucksweise: Die *intelligiblen* Dinge, *die Dinge an sich,* sind prinzipiell nicht Gegenstand der (empirischen) Erkenntnis.

Kants handlungstheoretischer Ansatz hat bereits alle wesentlichen Probleme im Blick, die auch die gegenwärtige *allgemeine* Pragmatikdiskussion beherrschen: die Frage insbesondere, wie sich die auf ein Handlungssubjekt bezogenen Aussagen über Handlungen zum Sitz dieser Handlungen in den Naturvorgängen verhalten, wird im Streit zwischen *Intentionalisten* und *Behavioristen* weiterbehandelt. Kants Auflösung der Freiheitsantinomie hat im *Zwei-Sprachen-Ansatz*, (A. J. Melden u. a.), der ein *kausales* und ein *intentionales* Sprachspiel voneinander abhebt, eine analytisch-philosophische Fortsetzung gefunden. Die methodischen Probleme des für die Deutung von Handlungen benutzten Redens über eine innere Welt des Handlungssubjektes werden in den von Ryle in Gang gebrachten Analysen der *mentalen Ausdrücke* der Sprache ausführlich diskutiert.

Ich möchte an dieser Stelle das gegliederte Nachreden und allgemeine Einordnen der pragmatischen Ansätze Kants beenden und in eine ausführliche systematische Erörterung des von Kant verwendeten Handlungsbegriffes eintreten: Bei *Handlungen* haben wir es Kant zufolge mit einer »Kausalität aus Freiheit«, d. h., ich wiederhole noch einmal eine der zitierten Kernformulierungen, mit »einer *absoluten Spontaneität* der Ursachen, eine Reihe von Erscheinungen, die nach Naturgesetzen verläuft, *von selbst* anzufangen«, zu tun. Offenbar kommt zunächst alles darauf an, dem »von selbst« oder – wie es häufig auch heißt – »schlechthin« in den Kantischen Reden einen genauen Sinn zu geben. Dazu möchte ich davon ausgehen, daß uns Handlungen nicht von Natur, sondern durch *Lernen* zur Verfügung stehen. Wenn wir vom Lernen einer Handlung sprechen, so brauchen wir das Wort »Handlung«, wie es in der deutschsprachigen Philosophie zuerst W. Kamlah genau erörtert hat, in einem »schematischen« Sinn. Eine Handlung zu lernen, heißt demgemäß, zu lernen, ein Handlungsschema unter geeigneten Bedingungen zu aktualisieren. Genauer und z. B. gegenüber der Abrichtung von Tieren eingrenzend, heißt dies: zu lernen, das entsprechende Geschehen unter geeigneten Umständen *nach Belieben* hervorzubringen. In diesem Sinne läßt sich etwas nur tun, wenn es nicht bereits ohnedies geschieht.

Die Unterscheidung des *Handlungsschemas* von einer *konkreten* Handlung als Aktualisierung dieses Schemas ist übrigens bereits vor Kamlah in der analytischen Philosophie hinreichend deutlich gemacht worden. G.H. von Wright etwa spricht im Falle des Handlungsschemas von einem »generic act« und im Falle seiner Aktualisierung von »individual act«. Die Unterscheidung ist selbstverständlich, wie Wright bemerkt, nicht an Handlungen gebunden. Auch von einem Vorgang etwa wie dem Fallen des Regens läßt sich in »generischer« und »individueller« Weise reden.
Über eine Handlung zu verfügen, heißt nach dem Gesagten, über eine Möglichkeit zu verfügen, *in den Lauf der Dinge einzugreifen.* Das Geschehen einer *Handlung* läßt sich damit per definitionem nicht zugleich als verursacht betrachten durch natürliche Umstände, welche die faktischen Abläufe bestimmen.
Den hier vorgeschlagenen systematischen Ausgangspunkt für eine Klärung des Handlungsbegriffes haben in neuerer Zeit vor allem *Wittgenstein* und sein bereits zitierter Schüler *von Wright* in ähnlicher Weise verdeutlicht. So sagt Wittgenstein in den *Philosophischen Untersuchungen* (I, 612):

»Von der Bewegung meines Armes, z.B., würde ich nicht sagen, sie komme, wenn sie komme, etc. ... Und hier ist das Gebiet, in welchem wir sinnvoll sagen, daß uns etwas nicht einfach geschieht, sondern daß wir es *tun.* ›Ich brauche nicht abwarten, bis mein Arm sich heben wird, – ich kann ihn heben.‹ Und hier setze ich die Bewegung meines Arms etwa dem entgegen, daß sich das heftige Klopfen meines Herzens legen wird.«

Ähnlich erklärt von Wright[1]:

»An ability to do things is a ›power to interfere with nature‹ to make the course of the world (a little bit) different from what it otherwise would be.«

Auch W. Kamlahs Gegenüberstellung der *Widerfahrnisse* und *Handlungen*[2] weist in dieselbe Richtung; wenn auch hier *Handlungen einer* Person einer *anderen* Person widerfahren können.
Es ist üblich, in bezug auf Handlungen etwa vom »willentlichen« Hervorbringen eines Geschehens zu sprechen. Man muß wissen, daß mit solchen Formulierungen kein weitergehendes als das bereits erläuterte Handlungsverständnis artikuliert wird. Kommt es

1 G.H. von Wright: *Causality and Determinism* (New York/London 1974), 51.
2 In § 3 des »Ersten Teiles« seiner *Philosophischen Anthropologie* (Mannheim u.a. 1972).

andererseits nicht gerade darauf an, so mögen wir fragen: die *willentliche* Herbeiführung eines Geschehens von seiner, z. B. *natürlichen*, Verursachung durch geeignete Vorgänge oder Ereignisse zu unterscheiden, wenn anders auf eine solche Unterscheidung für eine Einführung des Terminus »Handlung« zurückgegriffen werden soll? Eine solche Frage unterstellt, es müßte außerhalb des Erlernens von Handlungen ein Verständnis von »willentlich« gewonnen werden, nach dem sich dann Geschehen in Handeln und sonstiges, z. B. Naturvorgänge, scheiden und entsprechend beurteilen ließe. Handlungen wären dann etwa Vorgänge, die einen Willen zum »Urheber« hätten.

Die Rede vom »Willen« kann jedoch sinnvollerweise nicht auf eine Ursache hinter den Kulissen der Handlungs»erscheinungen« verweisen. Leider legt auch die Ausdrucksweise Kants dies noch häufig genug nahe. Prägnant sagt Wittgenstein das hier Notwendige in den *Philosophischen Untersuchungen* (I, 613 ff.):

»›Wollen‹ ist nicht der Name für eine Handlung und also auch für keine willkürliche. Und mein falscher Ausdruck kam daher, daß man sich das Wollen als ein unmittelbares, nichtkausales, Herbeiführen denken will. Dieser Idee aber liegt eine irreführende Analogie zu Grunde; der kausale Nexus erscheint durch einen Mechanismus hergestellt, der zwei Maschinenteile verbindet. Die Verbindung kann auslassen, wenn der Mechanismus gestört wird. ...

614. Wenn ich meinen Arm ›willkürlich‹ bewege, so bediene ich mich nicht eines Mittels, die Bewegung herbeizuführen. Auch mein Wunsch ist nicht ein solches Mittel.

615. ›Das Wollen, wenn es nicht eine Art Wünschen sein soll, muß das Handeln selber sein. Es darf nicht vor dem Handeln stehen bleiben.‹«

Wenn wir eine Handlung als »willentliche« Hervorbringung eines Geschehens oder in ähnlicher Weise charakterisieren, können wir dagegen nur dies meinen: Wer eine *Handlung* (die Aktualisierung eines *Handlungs*schemas) lernt, lernt, in nachträglicher Beschreibung, eben dies: die *willentliche* Herbeiführung eines Geschehens, und er kann dann, mit Bezug auf das Gelernte, begleitend oder nachträglich auch Worten wie »willentlich« einen Sinn geben. Er lernt damit zugleich insbesondere, daß das, was ohnehin geschieht, nicht als Handlung gelernt und verstanden werden kann. Es gehört damit zur »Logik« des Redens von Handlungen, daß sie »gewollt« sind. Zitieren wir noch einmal von Wright[3]:

3 G. H. von Wright: *Erklären und Verstehen* (Frankfurt 1974), 115.

»A beabsichtigte, den Knopf zu drücken. Folglich drückte A den Knopf. Dies klingt recht trivial. Kann dies die ›Erklärung‹ von irgendetwas sein? Es wäre nicht ganz korrekt, wenn man sagte, daß es die Erklärung einer *Handlung* sei. Die Handlung des Knopf-Drückens wird nicht dadurch erklärt, daß man sagt, sie sei intentional (gewollt) gewesen. Denn daß sie dies war, ist bereits darin enthalten, daß man sie überhaupt eine Handlung nennt.«

Allerdings haben wir auch noch einen anderen Gebrauch von »willentlich«, »willkürlich«, »absichtlich« und dgl. zu berücksichtigen. Mit den Worten von G. Ryle[4]:

»Die Frage ›willentlich oder unwillentlich?‹ bedeutet also manchmal: ›Hat er es getan oder ist es ihm widerfahren?‹ Manchmal setzt sie voraus, daß er es getan hat, aber sie bedeutet dann: ›War er bei der Ausführung aufmerksam oder unaufmerksam?‹ oder ›Hat er es absichtlich getan oder versehentlich, mechanisch oder instinktiv etc.?‹«

Wie der Rekurs auf einen Willen als quasi-Ursache von Handlungen nicht zur *Definition* des Handlungsbegriffes dienlich ist, so kann auch die Rede davon, daß ich das *Subjekt* meiner Handlungen bin, an dieser Stelle unserer Erörterungen methodisch nicht mehr ausrichten, als darauf zu verweisen, daß meine Handlungen Aktualisierungen erworbener Möglichkeiten darstellen, nach Belieben unter geeigneten Umständen in den Lauf der Dinge einzugreifen, Geschehen also zu produzieren, statt es über mich ergehen zu lassen. In dem Maße, in dem ich ein Geschehen (im schematischen oder generischen Sinne) willentlich vollziehen lerne, lerne ich zugleich, daß ich nicht nur »Objekt«, sondern auch »Subjekt« von Geschehenem sein kann.
Wiederum auf andere Weise können wir den Unterschied zwischen dem, was nach unserem Belieben, und dem, was unabhängig von uns und möglicherweise mit uns geschieht, durch die klassischen philosophischen Termini »autonom« und »heteronom« zum Ausdruck bringen: Als Handelnde sind wir *autonom*, schreiben selbst (αυτός) dem Geschehenen seinen Lauf (νόμος) vor, im Unterschied zur sonst anders bestimmten (*heteronomen*) Folge der Ereignisse. (Das Wort »autonom« hat hier noch keinen moralphilosophischen Sinn.) – Daß Handeln autonom, willent-

4 G. Ryle: *Der Begriff des Geistes*, im wesentlichen nach der Übersetzung der Dtsch. Ausg. (Stuttgart 1969), 95.

lich, subjektbezogen ist, sind also letztlich nur verschiedene Weisen, ein und dieselbe Sache zum Ausdruck zu bringen, eine Sache, die wir lernen und damit kennenlernen, indem wir uns selbst durch den Erwerb der Verfügung über Handlungsschemata als (autonomes) Subjekt von Handlungen herausbilden.

Als Handelnde sind wir insofern *autonom*, als wir dem sonst »heteronom« bestimmten Geschehen selbst seinen Lauf vorschreiben. Jedoch stellt die Möglichkeit, Handlungen zu erwerben, nur eine *erste Stufe* der Autonomie des Menschen dar. Ich möchte sie auch die *Freiheit von der Natur* nennen. Diese Autonomie wird entsprechend überall dort verfehlt, wo der Mensch lediglich als Naturphänomen begriffen wird oder eine quasi naturalistische Interpretation seiner pragmatischen Äußerungen vorliegt. Ich möchte dies das *szientistische* Mißverständnis der Pragmatik nennen.

Die mit dem Handeln gegebene Freiheit von der Natur schließt eine Verwendung der Handlungen eines Subjektes für nicht von ihm selbst gesetzte Zwecke nicht aus. Ich möchte ein handelndes Subjekt genau dann und insoweit *personal* nennen, als es sein Handeln *selbst orientiert*, insbesondere also seinem Handeln *selbst Ziele setzt.* Ein personales Subjekt bildet ferner in dem Sinne eine *personale Identität* aus, daß seine Handlungsorientierungen nicht miteinander kollidieren.

Personalität und damit insbesondere personale Identität geht verloren oder wird verfehlt, genau dann, wenn und insoweit jemand sein Handeln lediglich als »Mittel« zu von anderen gesetzten Zielen oder überhaupt nicht zielorientiert begreift. Der Fall eines von jeder Zielsetzung abgelösten Handelns liegt insbesondere dann vor, wenn Handlungsweisen, die im Blick auf bestimmte Ziele eingerichtet wurden, beibehalten werden, obwohl im weiteren Verlauf der Entwicklung die ursprünglichen Ziele aufgegeben wurden oder sich als nicht mit den betrachteten Handlungsweisen sinnvoll verbindbar herausgestellt haben. Handeln, das sich entsprechend nicht im Blick auf die Personalität der Handelnden teleologisch deuten läßt, möge *entfremdetes* Handeln heißen. Handlungsverständnisse, die zu einem entfremdeten Handeln führen, möchte ich *instrumentalistisch* nennen. Nennen wir die Abhängigkeit des Handelns von heteronom gesetzten Orientierungen *Herrschaft*, so läßt sich die beschriebene zweite Stufe der Autonomie als *Freiheit von Herrschaft* der (bloßen) Freiheit von der Natur gegenüberstellen. Wer in diesem Sinne *autonom* wird, wird (selbst) Herr über sich selbst (Herr über sein Handeln). Herr über sein Handeln zu sein, heißt dann zugleich, die Orientierungen für das eigene Handeln selbst wiederum als *eigenes Handeln* zu organisieren.

Die Möglichkeiten, das eigene Leben zum Gegenstand von *Handlungen* zu machen, sind mit der Freiheit von Natur und Herrschaft nicht ausgeschöpft. Dies liegt daran, daß die Ausbildung einer personalen Identität nicht einsam geschehen kann, sondern im Zusammenhang mit den Bemühungen anderer, die in dieselbe Richtung gehen, steht. Mit dieser Situation kann man sich auf zweierlei Weise einrichten: Man kann erstens die Handlungen anderer für das eigene Handeln lediglich wie *Naturereignisse* in Rechnung setzen. Eine auf dieser Basis ausgebildete Identität muß im Regelfall gegen andere Identität »durchgesetzt« werden. Sie führt daher zugleich Herrschaft des Menschen über den Menschen herauf, genau im erläuterten Sinne des Wortes »Herrschaft«. Daher ist sie, *aufs Ganze gesehen*, inkonsistent. Ich möchte diese inkonsistente Form, personale Identität durch Vernichtung personaler Identität zu gewinnen, das *egoistische Mißverständnis des Menschen* nennen. Ein zweiter Weg, interpersonale Identitätskonflikte zu bewältigen, besteht darin, Identitäten *gemeinsam* auszubilden, also insbesondere so, daß sie *zusammen möglich* sind. Dieser Weg möge die *moralische* Lösung des Identitätsproblems heißen. Eine moralische Lösung des Identitätsproblems schließt insbesondere Bedürfnisbefriedigung aus, welche einigen *Beteiligten* den Verzicht auf eine personale Identität zumutet. Eine in moralischer Absicht gewonnene Identität möge eine *moralische Person* heißen. Einen Handlungszusammenhang moralischer Personen könnte man eine *freie Gesellschaft* oder mit Kant ein *»Reich der Freiheit«* nennen. *Autonomie* wird in einem Reich der Freiheit insofern *gewonnen*, als auch die egoismusverursachte Herrschaft des Menschen über den Menschen handelnd überwunden wird. Zugleich wird einer moralischen Person zugemutet, ihre Identität nicht mehr für sich selbst zu gewinnen. In diesem Sinne tritt bei der moralischen Person zur Freiheit von der Natur und Herrschaft die *Freiheit von sich selbst*. Als Freiheit von der zunächst eingebrachten *faktischen Subjektivität* kann diese Freiheit von sich selbst sinnvoll auch *Transsubjektivität* heißen.

Es gibt *totalitäre* Aufhebungen des egoistischen Mißverständnisses des Menschen. Diese liegen dann vor, wenn ein *entworfenes* Reich der Freiheit handlungsleitend wird, ohne daß die in einer solchen historischen Konkretisierung *lebenden* Individuen sich darin (faktisch) als moralische Personen verwirklichen. Dabei liegt dann ein Sonderfall des *instrumentalistischen* Mißverständnisses vor: Das Handeln der Betroffenen wird zum bloßen *Mittel* von Ideen, die nicht in ihrer Identität verankert sind. Entfremdung ist dann nur scheinbar, nämlich in den Köpfen der Architekten des Systems, aufgehoben.

Die vorangegangenen Erörterungen haben gezeigt, daß der Mensch, insofern er sich wesentlich als *handelndes* Wesen versteht und damit bemüht ist, sich selbst im Laufe des Geschehens zu verwirklichen, vor drei Aufgaben steht: Er muß Handlungen im engeren Sinne erwerben und sich damit *aus der Natur herausarbeiten.* Er muß seine Handlungen selbst orientieren und sich damit zugleich aus *Herrschaftszusammenhängen* zu einem nicht entfremdeten Leben *befreien.* Er muß schließlich diesem Identitätsinteresse einen Inhalt geben, der es zusammen mit dem entsprechenden Interesse anderer in einem gemeinsamen Handlungszusammenhang einlösbar macht und in diesem Sinne seine (bloß auf sich selbst bezogene) *Subjektivität überwinden.*

Es gibt gute interpretatorische Gründe dafür, daß die obigen Darlegungen zum personalen und moralischen Autonomieverständnis mit dem Kernstück der Kantischen Moralphilosophie übereinstimmen. Insbesondere läßt sich auf dieser Basis ein methodisches Verständnis der verschiedenen Formulierungen des kategorischen Imperativs in Kants *Grundlegung zur Metaphysik der Sitten* gewinnen:

Die erläuterte *zweite Stufe der Autonomie* wird von Kant mit den folgenden Worten charakterisiert:

»Nun sage ich: der Mensch, und überhaupt jedes vernünftige Wesen, *existiert* als Zweck an sich selbst, *nicht bloß als Mittel* zum beliebigen Gebrauche für diesen oder jenen Willen, sondern muß in allen seinen, sowohl auf sich selbst, als auch auf andere vernünftige Wesen gerichteten Handlungen jederzeit *zugleich als Zweck* betrachtet werden.« (*Grundlegung* B 64 f.)

Daran schließt Kant ein *Personalitäts*verständnis, das ebenfalls dem oben Vorgeschlagenen entspricht:

»... dagegen vernünftige Wesen *Personen* genannt werden, weil ihre Natur sie schon als Zwecke an sich selbst, d. i. als etwas, das nicht bloß als Mittel gebraucht werden darf, auszeichnet, mithin so fern alle Willkür einschränkt ...« (*Grundlegung* B 65).

Kants Moralprinzip intendiert nun Verhältnisse, in denen nicht nur jeder für sich (Kant: »subjektiv«) sich als Person zu verwirklichen trachtet, sondern dies auch allen sonst dazu Befähigten (Kant: »vernünftigen Wesen«) zugesteht, d. h. auf eine gemeinsam mögliche personal orientierte Praxis abstellt:

»So (nämlich wie oben zitiert, Kambartel) stellt sich notwendig der Mensch sein eigenes Dasein vor; so fern ist es also ein *subjektives* Prinzip menschlicher Handlungen. So stellt sich aber auch jedes andere vernünftige Wesen sein Dasein, zufolge eben desselben Vernunftgrundes, der auch für mich gilt, vor; also ist es zugleich ein *objektives* Prinzip, woraus, als einem obersten praktischen Grunde, alle Gesetze des Willens müssen abgeleitet werden können. Der praktische Imperativ wird also folgender sein: *Handele so, daß Du die Menschheit, sowohl in Deiner Person, als in der Person eines jeden andern, jederzeit zugleich als Zweck, niemals bloß als Mittel brauchest.« (*Grundlegung* B 66 f.)

Mit den Termini der Erörterungen von S. 128 wird damit nur noch einmal die moralische Lösung des Identitätsproblemes oder die Zielsetzung der »Freiheit von sich selbst« (»Transsubjektivität«) zum Ausdruck gebracht. Das zitierte Kantische Transsubjektivitätsprinzip läßt sich als methodische Basis zur Rechtfertigung der anderen bekannten Formulierungen des *kategorischen Imperativs* verwenden: Zunächst ist einsichtig, daß dieses Prinzip weder von irgendwelchen Aussagen über die empirische Natur des Menschen Gebrauch macht, noch sich auf einzelne (»materiale«) Zwecke bezieht. In diesem Sinne ist Kants Moralprinzip »allgemeiner« oder »formaler« Natur. »Dieses Prinzip der Menschheit und jeder vernünftigen Natur überhaupt, *als Zwecks an sich selbst* (welche die oberste einschränkende Bedingung der Freiheit der Handlungen eines jeden Menschen ist), ist nicht aus der Erfahrung entlehnt, erstlich, wegen seiner Allgemeinheit, da es auf alle vernünftige Wesen überhaupt geht, worüber etwas zu bestimmen keine Erfahrung zureicht; zweitens, weil darin die Menschheit nicht als Zweck der Menschen (subjektiv), d. i. als Gegenstand, den man sich von selbst wirklich zum Zwecke macht, sondern als objektiver Zweck, der, wir mögen Zwecke haben, welche wir wollen, als Gesetz die oberste einschränkende

Bedingung aller subjektiven Zwecke ausmachen soll, vorgestellt wird, mithin aus reiner Vernunft entspringen muß.« (*Grundlegung* B 69 f.).

Diese »Objektivität« des Kantischen Moralprinzipes wird in der häufiger herangezogenen, auf die Form von Handlungsregeln (Kant: Maximen) abstellenden Fassung des kategorischen Imperativs wie folgt zum Ausdruck gebracht: »... *handle nur nach derjenigen Maxime, durch die du zugleich wollen kannst, daß sie ein allgemeines Gesetz werde«* (*Grundlegung*, B 52). – Die Rede vom »allgemeinen Gesetz« schlage ich vor hier so zu verstehen, daß die Handlungsregeln als Bestandteil einer institutionellen Regelung des Lebens »vernünftiger (eine moralische Identität bezweckender) Wesen« fingiert werden sollen. Ob eine Handlungsregel als allgemeines Gesetz in diesem Sinne »gewollt werden kann«, hat sich danach zu bemessen, ob eine solche Fiktion konsistent, d. h. mit der allgemein bezweckten Vernunft (mit einer für alle vernünftigen Wesen gemeinsam möglichen und in diesem Sinne moralischen Identität) vereinbar, gehalten werden kann.

Bemerkungen zum praktischen Selbstverständnis des Menschen, in Kantischer Perspektive

Was ich hier erörtern möchte, läßt sich in seiner Gänze verstehen als systematisch gemeinte Bemerkungen zu Kants Versuch einer Auflösung des dritten »Widerstreites der transzendentalen Ideen« in der *Kritik der reinen Vernunft*, also zu dem Abschnitt B 560-586 in Kants Hauptwerk. Ich habe bereits vor einiger Zeit einmal in der Festschrift zum 65. Geburtstag von Friedrich Kaulbach unter dem Titel »Autonomie, mit Kant betrachtet« über Kants Sicht des Zusammenhanges von Handlungstheorie und Moralphilosophie gehandelt.[1]

Wenn ich mich daher jetzt erneut dem Thema des Textes B 560 ff. zuwende, dann gewissermaßen von einer anderen Seite als damals, weniger nämlich indem ich die Einsichten, die Kant hier zu vermitteln vermag, noch einmal dem *Inhalte* nach in aller Ausführlichkeit entfalte, als vielmehr so, daß ich sie nunmehr unter einem besonderen, vornehmlich *methodischen* Blickwinkel betrachte, mein Augenmerk auf die Wege richte, welche zu ihnen hin und von ihnen weg führen. Ich werde dabei auf die praktische Philosophie Kants im engeren Sinne, also vor allem auf seine Moralphilosophie, gar nicht oder nur insoweit eingehen, als die Erwägungen Kants in dem von mir betrachteten Abschnitt der *Kritik der reinen Vernunft* an sie (an Kants Moralphilosophie) heranreichen.

Der Mensch hat, mit Kants Worten gesagt, »das Vermögen, einen Zustand *von selbst* anzufangen« (B 561). Diese Formel, oder die Ausübung des durch sie gekennzeichneten Vermögens, haben wir auf ganz alltägliche Handlungen zu beziehen, wie es etwa Kants eigener Hinweis B 449 erläutert: »Wenn ich jetzt (zum Beispiel) völlig frei, und ohne den notwendig bestimmenden Einfluß der Natururſachen, von meinem Stuhle aufstehe, so fängt in dieser Begebenheit, samt deren natürlichen Folgen ins Unendliche, eine neue Reihe schlechthin an, obgleich der Zeit nach diese Begebenheit nur die Fortsetzung einer vorhergehenden Reihe ist.«

1 In diesem Bande S. 117-131.

Dies wissen wir ja, möchten wir hinzufügen. Der alltägliche Umgang mit dem Worte »Handeln« und dem damit verbundenen Gebrauch etwa der Worte »willkürlich«, »frei« usf. macht uns ja im allgemeinen keine wesentlichen Schwierigkeiten. – Es bedarf also eines besonderen Grundes, um solchen Beschreibungen einen (besonderen) Sinn abzugewinnen. Und wie wir, Kants Leser, wissen, hat Kant einen Grund, die selbstverständliche Grundlage unseres praktischen Weltverhältnisses zu vergegenwärtigen: daß nämlich in den Wissenschaften und in der Philosophie plausible Argumente auftreten, welche der Möglichkeit eines »Anfangs von selbst« und »durch uns« zu »widerstreiten« scheinen:
Unser Handeln, auch dies ist uns selbstverständlich, vollzieht sich über natürliche Ereignisse an unserem Leibe und ihre Wirkungen. Diese aber unterliegen, so scheint es, der allgemeinen kausalen Determiniertheit des Naturlaufs, bei dem nichts von selbst, sondern alles durch bestimmte, wenn auch vielleicht uns jeweils unbekannte Ursachen zustande kommt. Unser leiblicher Sitz in der Welt der Natur läßt, auch dies scheint danach zwingend, keinen logischen Raum für eine Freiheit, die als »Vermögen, einen Zustand *von selbst* anzufangen« verstanden wird. Oder wir müßten eben diese Welt der Natur *neu*, und gegen geläufige Urteile und Einstellungen der wissenschaftlichen Erfahrung, verstehen.
Weil uns ein Beharren auf der Evidenz des *praktischen* Weltverhältnisses gerade dies (diese quasi kosmologische Umorientierung) zumutet, nennt Kant die mit einer Handlung als solcher verbundene Art der Freiheit auch »Freiheit im kosmologischen Verstande« (B 560); in Abhebung von der »praktischen Freiheit«, in der wir uns beim Handeln mit Gründen über widerstrebende Gewohnheiten, Bedürfnisse, Empfindungen und dergleichen, kurz über die von Kant so genannten »Antriebe« oder »Bewegungsursachen der Sinnlichkeit« hinwegsetzen (B 562).
Die geschilderte Schwierigkeit, den Ort des Menschen in der Natur richtig zu verstehen, ist uns in vielerlei Varianten auch heute noch vertraut. Sie tritt am Rande und bei der Beurteilung der Naturwissenschaften vom Menschen, auch der Psychologie, in immer neuen Gewändern auf und gehört in der Tat zu jenem metaphysischen Schein, den wir, nach Kants Urteil, auch dann, wenn wir ihn durchschaut haben, nicht ein für allemal loswerden, sondern immer aufs neue wegarbeiten müssen, – oder, mit Witt-

gensteins glücklicher Gegenüberstellung, zu den Problemen, die wir nicht ein für allemal *lösen* können, sondern immer wieder *auflösen* müssen. Wie sieht nun der von Kant gewiesene Weg einer Auflösung der dritten Antinomie in der *Kritik der reinen Vernunft* aus? Nun, in kurzen Worten wohl so:

Die scheinbar unvereinbaren Sätze über unseren Sitz in der *praktischen* Welt auf der einen und über unser physisches Eingebundensein in den Lauf der *natürlichen* (und technischen) Ereignisse auf der anderen Seite – den Schein, der dieser Opposition anhaftet, führt Kant auf eine *Verwirrung in unseren Begriffen* zurück. Wir geben jenen Sätzen den Status widerstreitender (empirisch oder more geometrico zu prüfender) Annahmen oder Behauptungen über das, was der Fall ist; und sehen dann nicht, daß sie zur Grundverfassung, zum Gerüst der praktischen, begrifflichen und sprachlichen Formen gehören, in denen wir uns, zu diesen oder jenen Zwecken, im Leben bewegen.

Es liegt nahe, die hier notwendige Unterscheidung mit derjenigen zwischen Regeln und Aussagen (Behauptungen) zu identifizieren. Regeln oder Regelsysteme mögen dann unvereinbar sein, wenn wir ihnen in *derselben* Orientierungssituation, im *selben* Zusammenhang *zugleich* folgen wollen: ein »Widerstreit«, der sich jedoch dann »auflöst«, wenn sie, die *praktisch* inkonsistenten Regeln, für verschiedene Umstände oder Absichten gedacht und daher im Normalfall nicht auf dieselbe Situation oder denselben Situationsaspekt bezogen werden dürfen. – Regeln, welche der Organisation von Wahrnehmungen und Beobachtungen zu naturgesetzlichen Abläufen dienen, bleiben dann bei der *praktischen* Deutung eines Geschehens außer Betracht; wie umgekehrt die Regeln, welche für den Zusammenhang von Handlungen und Urhebern (Verantwortungen) konstitutiv sind, bei der *Naturerklärung* nichts zu suchen haben.

Und doch, daß wir beim Vollzug einer *bestimmten*, konkreten Handlung, mit Kants Worten, »einen Zustand *von selbst* anfangen«, läßt sich ja nicht durch Regeln »festlegen«. Es muß ja, könnten wir sagen, das, was wir beschreiben, *auch wirklich eine Handlung sein.*

Der Rahmen, in dem wir uns jeweils mit unseren »normalen« Orientierungsproblemen immer schon bewegen, kann also nicht allein nach dem Muster von Regeln gedacht werden; er schließt vieles, auch Grund*gewißheiten* ein. »Ich will sagen«, schreibt

Wittgenstein in seinen Aufzeichnungen über Gewißheit[2], »Sätze von der Form der Erfahrung und nicht nur Sätze der Logik gehören zum Fundament alles Operierens mit Gedanken (mit der Sprache).« – Und daß wir an und durch uns *Handlungen* und *Geschehnisse* im allgemeinen verläßlich voneinander unterscheiden (können), ist eine der grundlegenden Gewißheiten oder »Erfahrungen« unseres praktischen Lebensverständnisses. Sofern es sich, wie hier, bei solchen Grundgewißheiten um die Verfügbarkeit einer *Unterscheidung* handelt, wirken sie sich in den (vielen) einzelnen Urteilen aus, bei denen wir unserer Urteilskraft vertrauen, und dies, ohne daß es uns in jedem Falle als gesondertes Phänomen gegenwärtig ist. Könnten wir Kants (allgemeine) Kennzeichnungen eines Handlungsgeschehens nicht auf die uns *vertraute Grenze* zwischen dem, was uns zustößt, und dem, was wir tun, veranlassen usf., beziehen – wir wüßten ihnen keinen Sinn abzugewinnen. Als bloße äußere Beschreibungen eines uns noch unbekannten praktischen Lebens wären sie unbrauchbar.

Wie sind wir aber mit der Grenze, die der Sinn des Wortes »Handlung« zieht, vertraut? Die Grenze, unser Handlungsverständnis, liegt uns ja nicht, wie in der normalen Wahrnehmung, etwa der Farbwahrnehmung, vor Augen. – Was wir allerdings »sehen« (können), ist, wie unser Handlungsverständnis in den praktischen Formen, welche es in unserem Leben trägt, gleichsam *arbeitet:* etwa dort, wo wir unser Handeln von *Gründen* abhängen lassen, es auf *Überlegung* stützen. Was ohnehin geschieht, steht nicht zur Disposition einer abwägend getroffenen Entscheidung. – Oder wenn wir jemanden für eine Tat oder ihre Wirkungen *verantwortlich* machen, ihm einen »bestimmenden« Einfluß auf das Geschehen, die Möglichkeit insbesondere der Unterlassung oder Verhinderung zuschreiben. Im Zusammenhang damit nehmen wir auch teil am Urhebergebrauch des Wortes »ich« und der anderen Personalpronomina. Handlungen sind ja nicht etwa zeitweilige *Eigenschaften* der Personen, die sie tun. – Schließlich etwa unser im großen und ganzen funktionstüchtiger Umgang mit den Differenzierungen der Umstände unseres Handelns; wie sie mit den Worten »absichtlich«, »unabsichtlich«, »willkürlich«, »willentlich« und dergleichen zum Ausdruck kommen. – Und

2 L. Wittgenstein: *Über Gewißheit*, hg. von G. E. M. Anscombe/G. H. von Wright (Frankfurt 1970), Nr. 401.

anderes mehr; d. h. wir könnten mit dieser Liste fortfahren, die uns zeigt, an welchen Stellen in unser praktisches Selbstverständnis (in unsere *praktischen Formen*) eingeht, daß wir in den Lauf der Dinge eingreifen, wie der Mensch, mit Kants Worten (B 569): »dieses tätige Wesen« also »seine Wirkungen in der Sinnenwelt *von selbst* anfange, ohne daß die Handlung *in ihm* selbst anfängt« (und wie er ja auch zu einer Identifizierung solchen Eingreifens bei sich und anderen in der Lage ist).

Die Vernunft folgt hier, in Kants bekannter Beschreibung, »nicht der Ordnung der Dinge, so wie sie sich in der Erscheinung darstellen, sondern macht sich mit völliger Spontaneität eine eigene Ordnung nach Ideen, in die sie die empirischen Bedingungen hineinpaßt und nach denen sie sogar Handlungen für notwendig erklärt, die doch *nicht geschehen sind* und vielleicht nicht geschehen werden, von allen aber gleichwohl voraussetzt, daß die Vernunft in Beziehung auf sie Kausalität haben könne; denn, ohne das, würde sie nicht von ihren Ideen Wirkungen in der Erfahrung erwarten« (B 576). – In der Tat ist die Fähigkeit, sich Handlungen vorzunehmen, sie auszuführen und als solche zu erkennen, in so viele praktische Formen unseres Lebens explizit eingearbeitet, daß wir das von Kant hervorgehobene Verständnis unseres Handelns zu den Grundgewißheiten unseres Lebens zählen müssen.

Selbst die *Erfahrung*, welche doch erst der Naturkausalität ihre inhaltliche Füllung und Stütze gibt, läßt sich ja nur in Praxisformen gewinnen, welche die Handlungsfähigkeit des Menschen bereits (selbstverständlich) voraussetzen. Dies ist schließlich die mit der kritischen Philosophie verbundene Grundeinsicht Kants, daß der Inhalt unserer Naturerfahrung nicht an sich, fertig, vor unseren Augen liegt, sondern ein Ergebnis unseres geregelten praktischen (handelnden) Umgangs mit der Welt ist.

Die Sätze, mit denen wir grundlegende Lebensgewißheiten zum Ausdruck bringen, lassen sich in der Regel weder (mit Begründungsmöglichkeiten) behaupten noch (auf eben diese Weise) bestreiten. Sie ernsthaft zu bestreiten, hieße, aus der Gewißheit herausgefallen zu sein, die ihren Orientierungssinn trägt. Sie begründen zu wollen, hieße, sie nicht mehr als den Rahmen zu verstehen, in dem sich auch Orientierungen, die als Begründungen oder Widerlegungen in Frage kommen, erst vollziehen können. »Ich will eigentlich sagen«, heißt es in Wittgensteins Aufzeichnungen über Gewißheit[3], »daß ein Sprachspiel nur möglich ist, wenn man sich auf etwas verläßt.«

Sätze, die grundlegende Lebensgewißheiten artikulieren, lassen sich nicht »dogmatisch«, in Kants Sinn des Wortes, gewinnen; das heißt, wir können uns ihrer nicht auf der Basis anderer Sätze, aus denen sie, auf welchem Wege auch immer, folgen würden, versichern. Sind grundlegende Lebensgewißheiten also auf das so genannte unmittelbare Einleuchten zu stellen?

Nun müssen uns grundlegende Lebensgewißheiten ja nicht für sich, als *isolierte* Aussagen, überzeugen, sondern dadurch, daß wir ihren Ort in unserem Leben richtig verstehen. Wenn wir also auch für oder gegen grundlegende Lebensgewißheiten nicht im engeren Sinne argumentieren können, so bleibt doch der Versuch sinnvoll zu zeigen, wie (tief) diese Gewißheiten in die praktischen Formen unseres Lebens eingearbeitet sind (als »Bedingungen ihrer Möglichkeit« auftreten). Wir werden so auf die praktischen *Folgen* aufmerksam, welche zu gewärtigen sind, wenn wir grundlegende Gewißheiten außer Kraft denken.

In diesem Sinne erscheint uns das Gewisse dann als *das nicht anders Denkbare*. Wir können die Verständniskosten für unser Leben kalkulieren und sie uns als *das Unmögliche* an einer vorgestellten Variation grundlegender Gewißheiten vor Augen führen: Warum können wir uns die Sache nicht anders denken? – Diese Frage hat hier die Antwort: Es hängt so vieles Selbstverständliche davon ab.

Grundlegende Lebensgewißheiten erhalten auf diese Weise eine *begriffliche* oder, mit Bildern Wittgensteins, eine *grammatische* Rolle, gehören nicht zum Fluß, sondern zum Bett, in dem der Fluß fließt.[4] Könnten wir diese für Kants kritische Philosophie wesentliche Argumentationsfigur eine *transzendentale Begründung* nennen? Obwohl ich mich selbst eine Zeitlang für eine solche Terminologie ausgesprochen habe, scheint mir diese Kennzeichnung inzwischen eher unangemessen, des Wortes »Begründung« wegen:

Das »transzendentale« Argument sichert hier ja nicht die Gültigkeit eines Satzes, indem es sie auf die Anerkennung von Gründen,

3 Nr. 509.
4 Vgl. zum letzten Bild L. Wittgenstein: *Über Gewißheit*, Nr. 96-99.

etwa anderen Sätzen, zurückführt. Er zeigt uns nicht, *warum* wir uns so orientieren sollten; warum diese Orientierung Anerkennung verdient. Vielmehr führt es die Anerkennung, die Gültigkeit einer Aussage in unsere Lebensverhältnisse hinein aus. Und indem wir dieser Ausführung folgen, sehen wir, daß ein Zweifel hier gegenstandslos ist, solange wir uns in bestimmten praktischen Formen *ernsthaft* verstehen, solange wir ernsthaft *so leben*. (Und wie wir, ernsthaft verstanden, leben, darüber verfügen wir nicht, können es nicht zur Frage einer Entscheidung machen.)
»Die Begründung aber, die Rechtfertigung der Evidenz kommt zu einem Ende; – das Ende aber ist nicht, daß uns gewisse Sätze unmittelbar als wahr einleuchten, also eine Art *Sehen* unsrerseits, sondern unser *Handeln*, welches am Grunde des Sprachspiels liegt.«[5]
Wir könnten die transzendentale Analyse auch ein Argument *a posteriori* nennen, im älteren, vorkantischen Sinn des Terminus.[6] Denn wir sagen hier nicht: »Wir sind uns dieses Satzes gewiß, denn er wird von sicheren Sätzen getragen«; sondern: »Wie gewiß müssen wir uns dieses Satzes sein, wenn wir uns vergegenwärtigen, was wir ihn tragen lassen.« Wir sind uns hier des Fundamentes so sicher, daß wir das Gebäude bewohnen.
Das transzendentale Argument ist von einem schlichten tu-quoque-Aufweis zu unterscheiden. Das »tu quoque« hebt ab auf das, was jemand tut, und bringt es zu einem Widerspruch mit dem, was er (darüber) sagt. – Ein so verstandenes transzendentales Argument würde grundlegende Lebensgewißheiten in eine Reihe mit den Meinungen oder Vorurteilen einer *subjektiven* Lebensorientierung stellen. Diese Gewißheiten begegnen jedoch als *allgemeine*, in das *öffentliche* Leben eingearbeitete Verständnisse, gleichsam als allgegenwärtige Orientierungsinstitutionen unserer gemeinsamen, vertrauten Welt. Mit ihnen sind so vielerlei sprachliche und praktische *Institutionen*, und diese wiederum untereinander, verwoben.

Wir müssen es zu den großen Einsichten Kants zählen, daß er uns zugleich vor einer naheliegenden Verschiebung der Problemlage

5 Nr. 204.
6 Vgl. H. Schepers: Art. »A priori/a posteriori I«, in: *Historisches Wörterbuch der Philosophie 1* (Basel 1971), Sp. 462-467.

bewahren möchte, vor der Vorstellung nämlich, wir könnten Handlungen als solche Ereignisse *definieren*, bei deren Zustandekommen eine besondere, nicht *physische* Art von Ursachen beteiligt ist. Mit dieser Vorstellung geraten wir in den Orientierungsrahmen einer allgemeinen Handlungstheorie, welche an die Stelle der mit dem Handeln des Menschen verbundenen grundlegenden Lebensgewißheiten bestimmte Handlungs*erklärungen* setzen möchte. Und man könnte meinen, es kämen – wenn wir mit unseren Handlungsverständnissen Kants »Reich der Natur« im engeren Sinne verlassen müssen – wenn auch nicht mehr etwa die physiologischen, so doch immerhin noch die *intentionalistischen* und *psychologistischen* Varianten einer Handlungserklärung in Frage. Was als »Anfang von selbst« (oder »durch uns«) in der *äußeren* Welt der Erscheinungen auftritt, kann, so scheint es, noch in einer anderen, der, im gleichen bekannten Bilde gesprochen, *»inneren«* Welt seine Ursachen finden. Hier läßt sich ja sofort an allerlei Einschlägiges denken, wenn wir nämlich auf den grammatischen (und empirischen) Zusammenhang zwischen Handlungen und Motiven, Absichten, Intentionen, unserem Willen usf. als möglichen »Beweg*ursachen*« blicken. Bringt nicht die Absicht (oder unser Wollen) die Handlung, etwa die Bewegung unserer Hand, hervor, so wie die Bewegung unserer Hand gegebenenfalls den Stein ins Rollen bringt?
Hier hat Kant klar gesehen, daß wir uns mit dem intentionalen Vokabular *in* der Ebene der Lebensformen bewegen, welche unser praktisches Selbstverständnis ausmachen, und damit nicht auf eine Maschinerie hinter der Bühne unseres öffentlichen praktischen Lebens verweisen können, auf Phänomene, welche nur unserem »inneren Sinn« unter den für ihn, in Kants Verständnis, allein maßgebenden »Zeitbedingungen« zugänglich wären. »Dieses handelnde Subjekt«, sagt Kant dazu B 568 f., »würde nun, nach seinem intelligibelen Charakter, unter keinen Zeitbedingungen stehen, denn die Zeit ist nur die Bedingung der Erscheinungen, nicht aber der Dinge an sich selbst. In ihm würde keine *Handlung entstehen* oder *vergehen*, mithin würde es auch nicht dem Gesetze aller Zeitbestimmung, alles Veränderlichen, unterworfen sein: daß alles, was *geschieht, in den Erscheinungen* (des vorigen Zustandes) seine Ursache antreffe.«
Die Absichten, welche wir einer Handlung zuschreiben, sind also kein inneres Geschehen, das mit äußeren Wirkungen kausal ver-

bunden ist, äußeren Wirkungen, die dann gerade deswegen Handlungen »heißen«, weil sie »intentional verursacht« sind. Von Wright hat dies auf treffliche Weise so zum Ausdruck gebracht: »›A beabsichtigte, den Knopf zu drücken. Folglich drückte A den Knopf‹. Dies klingt recht trivial. Kann dies die ›Erklärung‹ von irgend etwas sein? Es wäre nicht ganz korrekt, wenn man sagte, daß es die Erklärung einer *Handlung* sei. Die Handlung des Knopf-Drückens wird nicht dadurch erklärt, daß man sagt, sie sei intentional (gewollt) gewesen. Denn daß sie dies war, ist bereits darin enthalten, daß man sie überhaupt eine Handlung nennt.«[7] – Und auch die folgenden Bemerkungen aus Wittgensteins *Philosophischen Untersuchungen* (I, 614 f.) gehören hierhin: »Wenn ich meinen Arm ›willkürlich‹ bewege, so bediene ich mich nicht eines Mittels, die Bewegung herbeizuführen. Auch mein Wunsch ist nicht ein solches Mittel.« – »Das Wollen, wenn es nicht eine Art Wünschen sein soll, muß das Handeln selber sein. Es darf nicht vor dem Handeln stehen bleiben.«

Andere Weisen, mit den Worten »Wille«, »Absicht« usf. umzugehen, beziehen sich z. B. auf die Art und Weise, *wie* eine Handlung ausgeführt wird, etwa wenn wir das absichtliche Handeln dem versehentlichen oder unaufmerksamen Tun gegenüberstellen. – Oder wir verweisen auf den Handlungskontext, etwa wenn wir Handlungen in Vorgänge des Beschließens, Entscheidens, Begründens, der Vorbereitung usf. einordnen. Wir »sehen« dann die Intentionen, wenn wir auf das *sonstige* Handlungsgeschehen blikken, und nicht, indem wir innere Ursachen hinter den Handlungen suchen, Beweg*ursachen* an die Stelle von Beweg*gründen* setzen. Und im besonderen Falle muß das Handeln nicht einmal Beweg*gründe* haben; wenn es z. B. unabsichtlich einer Gewohnheit oder Regel folgt. – Zu einer etwaigen *Definition* oder Erklärung des Handelns trägt das Wort »Wille« also nichts bei; wohl etwa zur *Differenzierung der Umstände des Handelns* in absichtliche und unabsichtliche Vorkommnisse.

Auch wenn wir nicht an sprachliche Festlegungen denken, welche von besonderen Handlungs*erklärungen* Gebrauch machen, ist offenbar (in Kantischer Perspektive) Vorsicht geboten bei dem Versuch, Handlungs*theorien* auf so etwas wie eine Handlungs*definition* oder ein abgeschlossenes System von *Bedeutungsregeln* zu

7 G. H. von Wright: *Erklären und Verstehen* (Frankfurt 1974), 115.

gründen, die auf der Ebene der *Sätze* oder *Ausdrücke* der Sprache operieren; wenn wir eine solche »Grundlage« zugleich als Festlegung oder Normierung unseres sinnvollen Umgangs mit den Worten »Handeln«, »Handlung« usf. verstehen sollten.

Können etwa die Formeln, welche Kant zur Erläuterung des Handlungsbegriffs findet, und die Untersuchungen des Abschnittes B 560-586 die Grundlage einer (allgemeinen) Handlungstheorie abgeben? Sind sie nicht als eine Art von *Definition* oder Einführung der Termini »handeln« oder »Handlung« zu verstehen, als Festlegungen, auf denen wir, zusammen mit anderen einschlägigen Definitionen, so etwas wie ein theoretisches Gebäude – »dogmatisch« würde Kant sagen – errichten können?

Auch hier müssen wir Kants Grundeinsicht beherzigen: daß wir nämlich dasjenige, was wir unseren Begriff des Handelns nennen könnten, nicht unabhängig von unseren praktischen Lebensformen zur Verfügung haben. Diese (etwa daß und wie wir jemanden für ein Geschehen verantwortlich machen) sind hier das erste und auch dasjenige, in welchem wir uns der Phänomene gewiß sind, auf die sich Charakterisierungen des Handelns beziehen müssen. Und es erscheint merkwürdig zu meinen, wir könnten das, was wir über verzweigte Formen des Handelns kennen, auf eine definitorische Formel bringen, welche dann die Basis innertheoretischen Folgerns bildet.

Im Leben hängen die Worte (das Verständnis der Worte) »Handeln«, »Verantwortung«, »Urheber« usf. ja nicht nur über Worte und Sätze zusammen. Wir können nicht wissen, was die Worte in den allgemeinen Formeln bedeuten, die wir an unser Handeln (und unser Handlungsverständnis) halten; wenn wir sie nicht in den praktischen Formen, den »Institutionen« unseres Lebens, gleichsam in Funktion sehen.

Lassen Sie mich zum Schluß die von Kant vorgeschlagene Auflösung des Grundproblems, welches wir mit dem Verhältnis von Naturdetermination und Freiheit des Menschen haben, und die von mir gegebene Einordnung seiner Betrachtungsweise noch durch eine längere kritische Anmerkung ergänzen. Ich möchte dies tun im Anschluß an eine von Wittgenstein in einer späten, 1945-46 datierten, Vorlesung über die Freiheit des Willens fingierten Situation, die ich für die Zwecke unserer Erörterung allerdings ein wenig ausarbeite:

Wittgenstein[8] stellt sich vor, daß in einem Raum eine Person, nennen wir sie *H* (im Anschluß an das Wort »Handeln«), allerlei Bewegungen ausführt, etwa auf verschiedenen Wegen auf und ab geht. Unter diesem Raum möge sich ein zweiter Raum befinden, in dem jemand, nennen wir ihn *K* (im Anschluß an das Wort »Kausalität«), einen Apparat bedient, welcher die Bewegungen von *H* im oberen Raume steuert. Man könnte sich außerdem etwa einen Beobachter beider Vorgänge denken oder ein Gerät, das beide Ereignisfolgen aufzeichnet. Es wäre dann etwa zu sehen, daß bestimmte Manipulationen an der Maschine im unteren Raume stets ganz bestimmte Bewegungen von *H* zur Folge haben und daß diese Bewegungen unterbleiben, wenn die Maschine anders eingestellt ist. – Soweit Wittgensteins Geschichte.

Könnte es nun nicht sein, daß *H* seine Bewegungen selbstverständlich als *Handlungen* versteht (erfährt), während *K* dieses Verständnis als Täuschung entlarven kann, weil er ja weiß, daß die angeblichen Handlungen von *H* diesem in Wirklichkeit in einer durch *K*'s Apparat bestimmten Weise zustoßen? – Nun lassen sich solche Beschreibungen (Deutungen) der Situation und der Abläufe in den beiden Räumen offenbar nur dann kontrollierbar geben, wenn die Beteiligten *gemeinsam Zugang* zu den hier wesentlichen Ereignissen und den für ihre Deutung notwendigen Klärungen haben. Dann nämlich ließe sich etwa ein Versuch verabreden, welcher darin besteht, daß *K* im unteren Raum zu einer bestimmten Zeit eine bestimmte Bewegung *b* von *H* im oberen Raum zu erzwingen trachtet – und gleichzeitig *H* verabredungsgemäß versucht, die Bewegung *b* zu unterlassen. Stellt sich dann heraus, daß der Einfluß von *K*'s Apparatur für *H* »unwiderstehlich« ist, so erfährt (erlebt!) *H* ja, daß er in bezug auf die Bewegung *b* einem *Zwang* unterliegt, *b* also nicht (mehr) als Handlung zu verstehen ist. Die in der Geschichte gestellte »Antinomie« ist damit aufgelöst; wie selbstverständlich auch in dem Falle, in dem *H* die Unterlassung von *b* gelingt, gegen den Einfluß des Apparates von *K*.

8 Der Inhalt der Vorlesung ist durch eine Nachschrift von Y. Smythies überliefert, die zu dem in der Bodleian Library aufbewahrten Teil des Wittgenstein-Nachlasses gehört. – Wittgenstein selbst gibt keine übersichtliche Deutung der von ihm skizzierten Situation. Für die gewählte Form und Ausweitung der Situationsbeschreibung wie auch für alle Beurteilungen bin ich selbst verantwortlich.

Der Witz an dieser Fortsetzung der Geschichte ist eben, daß *H* einen (experimentellen) Zugang zu den Manipulationsmöglichkeiten von *K* hat. Wir haben die Geschichte hier also auf einen *bestimmten* Einfluß und *seine* experimentelle Kontrolle bezogen.

Wenn wir Wittgensteins Geschichte auf das Verhältnis zwischen dem Raum der Natur und dem Raum der menschlichen Handlungsfreiheit *überhaupt* beziehen, so kann sie neben eine Erklärung von Kant gehalten werden. Dann nämlich steht der Raum mit dem Beeinflussungsapparat für die *gesamte* Welt der Erscheinungen, für Kants »Reich der Natur«, und der Raum darüber für die gesamte menschliche Handlungswelt, der Apparat im unteren Raume also auch nicht für einen *bestimmten* Mechanismus der Beeinflussung, sondern für die *Unterstellung*, daß *jedes* Handlungsgeschehen einem natürlichen kausalen Einfluß unterliegt.

Die Aussage Kants, die ich meine, findet sich B 577f. und lautet: »... so sind alle Handlungen des Menschen in der Erscheinung aus seinem empirischen Charakter und den mitwirkenden anderen Ursachen nach der Ordnung der Natur bestimmt, und wenn wir alle Erscheinungen seiner Willkür bis auf den Grund erforschen könnten, so würde es keine einzige menschliche Handlung geben, die wir nicht mit Gewißheit vorhersagen und aus ihren vorhergehenden Bedingungen als notwendig erkennen könnten. In Ansehung dieses empirischen Charakters gibt es also keine Freiheit, und nach diesem können wir doch allein den Menschen betrachten, wenn wir lediglich *beobachten*, und, wie es in der Anthropologie geschieht, von seinen Handlungen die bewegenden Ursachen physiologisch erforschen wollen.«

On the face of them lassen sich Kants Ausführungen hier schwerlich so verstehen, daß sie die kausale Bestimmtheit der Erscheinungen unseres Handelns lediglich als *methodisches Prinzip* behandeln, gewissermaßen als eine Forschungsmaxime, welche die Suche nach Ursachen oder Regelmäßigkeiten *in jedem Einzelfalle* als geboten oder sinnvoll erklärt. Andererseits zögern wir, Kants Unterstellungen hier, nach ihrem Wortlaut, als allgemeine Einsicht über die (eine vorhandene) natürliche Welt zu nehmen. Eher hätten wir sie wohl als grammatische Folge der für unseren Erfahrungsbegriff nach Kant konstitutiven (deterministischen) Grundsätze einzuordnen.

Deutlicher und insoweit erhellender sind hier Wittgensteins

Überlegungen in der genannten Vorlesung: wonach wir uns nämlich davor hüten müssen, den Satz, daß das Entdecken (und daher auch das Aufsuchen) eines *(bestimmten)* Einflusses immer *möglich* ist, unbemerkt in eine ganz andere Aussage zu verwandeln, in die (paradoxe) Unterstellung nämlich, daß *alle* Handlungen durch natürliche Ursachen und regelmäßige Abläufe *bestimmt sind* (wenn uns auch diese Determinanten weitgehend – noch oder für immer – verborgen bleiben). Während wir nämlich Behauptungen oder Vermutungen über *bestimmte* Einflüsse auf unser Handeln, unter normalen Umständen, wenigstens prinzipiell in der skizzierten Weise kontrollieren können, so daß Paradoxien nicht entstehen; so bleibt dies doch für Kants *allgemein* verstandene Bemerkungen, und zwar aus begrifflichen Gründen, ausgeschlossen. Im Bilde der Geschichte gesprochen:
Der Raum, in dem *alle* einschlägigen, d. h. alle für Kants Unterstellung notwendigen, Apparate stehen, ist uns auf alle Zeit verschlossen; auch wenn wir immer wieder den einen oder anderen vorgeblichen oder wirklichen Beeinflussungsapparat zu Gesicht bekommen und dann das Notwendige tun können, um für diesen *besonderen* Fall die begrifflichen Verhältnisse in Ordnung zu halten, die begrifflichen Verhältnisse nämlich zwischen unseren praktischen Situationsverständnissen und unserem Wissen darüber, was ohnedies der Naturlauf ist. Die allgemeine Determinismusannahme, wie sie Kant in seinen Formulierungen zumindest nahelegt, steht also neben bestimmten Problemen der Handlungsbeeinflussung ebenso unkontrollierbar wie überflüssig, so daß wir durch diese Annahme kürzen können.
Kant hat richtig gesehen, daß dem praktischen Selbstverständnis des Menschen nicht der Status von Hypothesen gegeben werden darf, welche mit Vermutungen über den Lauf der Natur oder einer generellen Determinismusaussage konkurrieren; eine Konkurrenz, welche durch den Fortschritt etwa unseres physiologischen Wissens schließlich irgendwann entschieden werden könnte. Daß wir gleichwohl mit einer allgemeinen Determinismusannahme bereits die *natürliche* Seite unserer Handlungen ins Unkontrollierbare überzogen beschreiben, scheint mir mit Überlegungen, wie sie sich im Anschluß an Hinweise Wittgensteins entfalten lassen, einsichtig zu werden. Diese Überlegungen zeigen uns, in der bei Wittgenstein gewohnten Weise, daß der normale Umgang mit Behauptungen über *Einflüsse*, denen wir unterlie-

gen, die Allgemeinheit der Determinismusannahme und ihre antinomischen Folgen nicht trägt.
Man könnte Wittgensteins Rettung der Phänomene des Handelns die Auflösung eines Problems nennen, das Kants Analysen im Abschnitt B 560-586 noch hinterlassen. Aber es ist eine Auflösung im *Kantischen Geist* – so wie meine eigenen Bemerkungen zu Kants Auflösung des dritten »Widerstreites der transzendentalen Ideen« gewissermaßen *in einer Wittgensteinschen Beleuchtung* geschehen sind.

Wittgensteins späte Philosophie

Zur Vollendung von Kants Kritik der wissenschaftlichen Aufklärung

Wittgenstein hat seine späte Philosophie – die Untersuchungen, in die er sich seit dem Beginn der dreißiger Jahre dieses Jahrhunderts mühselig hineingearbeitet hat – als zutiefst unzeitgemäß empfunden. So sagt er 1949 in einem Gespräch mit seinem Freunde Drury: »Meine Art zu denken ist in diesem gegenwärtigen Zeitalter nicht erwünscht, ich muß daher hart gegen den Strom schwimmen. Vielleicht werden die Menschen in hundert Jahren wirklich benötigen, was ich jetzt schreibe.«[1] – Bereits in einem Vorwort zu *Philosophischen Bemerkungen*, vom November 1930, erwähnt Wittgenstein ferner, sein Buch sei »für solche geschrieben, die seinem Geist freundlich gegenüberstehen«. Dieser Geist sei »ein anderer als der des großen Stromes der europäischen und amerikanischen Zivilisation, in dem wir alle stehen«.[2] – Und in einer Bemerkung aus dem Jahre 1947 heißt es: »Nichts kommt mir weniger wahrscheinlich vor, als daß ein Wissenschaftler, oder Mathematiker, der mich liest, dadurch in seiner Arbeitsweise ernstlich beeinflußt werden sollte.«[3] Der Autor dieser Äußerungen ging offenbar davon aus, daß die ungewöhnlichen Bewegungen seiner Gedanken für fast niemanden nachvollziehbar, einem wirklichen Verständnis einstweilen kaum zugänglich waren.

Es ist schwer, die skeptischen Bemerkungen Wittgensteins zu begreifen, wenn wir sein Spätwerk als Kritik einer Reihe *philosophischer* Sprachverständnisse und Sprachverwendungen lesen, wie es gemeinhin der Fall ist. Danach fiele dieser philosophischen Sprachkritik die (therapeutische) Aufgabe zu, uns von bestimmten in der Philosophie selbst produzierten Mißverständnissen des im allgemeinen funktionstüchtigen normalen Sprachgebrauchs zu

1 M. O'C. Drury: »Conversations with Wittgenstein«, in: R. Rhees (Hg.): *Ludwig Wittgenstein. Personal Recollections* (Oxford ²1984, dt. unter dem Titel *Porträts und Gespräche*, Frankfurt 1987), 160.

2 L. Wittgenstein: *Philosophische Bemerkungen* (Frankfurt 1964, 1981), Vorwort.

3 L. Wittgenstein: *Vermischte Bemerkungen* (Frankfurt ²1978), 120.

befreien. Fehler dieser Art werden, so scheint es, in Wittgensteins späten Schriften nacheinander in einer mehr oder (häufig) weniger zusammenhängenden Folge von Analysen vergegenwärtigt und durch geeignete Hinweise (z. B. in Form so genannter Sprachspielkonstruktionen) ad absurdum geführt.

So zeigt uns Wittgenstein etwa die philosophische Neigung, sich den *Gebrauch der Worte* nach Art von *Namenstafeln* vorzustellen, und erfindet einfache sprachliche Situationen, welche die überaus engen Grenzen sichtbar machen, in denen eine solche Vorstellung allenfalls berechtigt sein könnte. – Oder wir sehen durch Wittgensteins Untersuchungen, daß sich das *Verstehen* einer Mitteilungsabsicht in der anschließenden *Praxis* vollzieht, und nicht in besonderen *»mentalen« Vorgängen*, wie sie bis heute der Scheingegenstand philosophischer, aber auch psychologischer, Überlegungen sein mögen.

Wir könnten uns in dieser Sicht vorstellen, daß einige, vielleicht viele, Analysen Wittgensteins die Mehrzahl der Betroffenen, vor allem bestimmte philosophische Zeitgenossen also, nicht überzeugen oder aus anderen, etwa ideologiekritisch zu untersuchenden, Gründen keine Verbreitung finden, unbeachtet bleiben. Wäre allein dies schon ein verständlicher Grund für die große Sprachgebärde, mit der Wittgenstein das Unzeitgemäße seiner späten Philosophie artikuliert? – Es erscheint unangemessen, das Beheben von (derlei) philosophischer Begriffsstutzigkeit erst von einem nächsten Jahrhundert zu erwarten.

Ich denke, daß Wittgensteins Überzeugung vom unzeitgemäßen Charakter seiner philosophischen Einsichten in einem sehr viel tieferen und folgenreichen Sinne zu Recht besteht. Dazu müssen wir jenes Denken Wittgensteins, welches sich in den dreißiger Jahren herausbildet, allerdings sehr weit abrücken von einer rein *sprachphilosophischen* Interpretation im üblichen Sinne. Wir müssen uns auf den mühseligen Prozeß einlassen, in dem Wittgenstein eine *ethisch* bedeutsame Einsicht in immer neuen Anläufen und an immer neuen Paradigmen zur Klarheit bringt: daß nämlich unsere alltägliche *Sprache* (und ihre Formen) mit unserem *Leben* (und seinen Formen) auf eine Weise zusammenhängt, welche dem ganzen Geist unserer Epoche, und dies praktisch folgenreich, zuwiderläuft. Erst wenn wir Wittgensteins Spätphilosophie nicht mehr vornehmlich als *Sprach*kritik (*Sprach*philosophie), sondern als eine Kritik des (gesamten) gegenwärtigen *Zeitalters* lesen, möchten wir ihr also den Rang zuerkennen, den ihr bereits Wittgensteins eigene, unbescheidene, Skepsis gab. Vielleicht ist sie eine der tiefsten Kritiken unseres Zeitalters, welche wir derzeit besitzen, – und daher besonders unzugänglich. Von einer Therapie unserer Philosopheme werden Wittgensteins philosophische Untersuchungen dann zu einer Therapie der Lebenszusammenhänge und -verständnisse, in denen sich unser Zeitalter bewegt. »Es ist mir durchaus nicht klar«, formuliert Wittgenstein 1947, »daß ich eine Fortsetzung meiner Arbeit durch Andre mehr wünsche, als eine Veränderung der Lebensweise, die alle diese Fragen überflüssig macht.«[4]

Wenn wir unser Zeitalter kennzeichnen wollen, so mag uns dabei vieles durch den Kopf gehen, was zwischen dem 16. und 18. Jahrhundert seinen Beginn genommen hat: die Ausbreitung der technischen Zivilisation, die industrielle Produktionsweise, das Auftreten der bürgerlichen Verfassungsstaaten, das Auffinden oder Konstruieren wissenschaftlicher Erklärungen für die natürlichen und menschlichen Verhältnisse, der Zusammenbruch der religiösen Weltinterpretationen usf. Dieses und anderes mehr zusammenfassend, sprechen wir häufig vom *Zeitalter der wissenschaftlichen Aufklärung*, in welchem wir leben.

Manche, inzwischen vielleicht viele, mögen allerdings meinen, daß dieses Zeitalter nun gerade zu Ende geht, daß die es tragenden Überzeugungen inzwischen die Zustände, die fortgeschrittene Zerstörung einer lebenswerten (humanen) Welt nämlich, eher gegen sich haben. Das Schlagwort der »Postmoderne« und der Streit, welcher sich um die damit verbundene Diagnose einer neuen Epochenschwelle entzündet hat, zeigen dies an.

Wittgenstein, das sei kurz und bündig gesagt, ist kein Vorläufer der Postmoderne. Wir können und müssen ihn vielmehr als einen durch und durch modernen Denker begreifen, wenn wir überhaupt verstehen wollen, was seine Denkbemühungen austragen. Wittgenstein arbeitet daran, einen tiefliegenden Fehler im Verständnis wissenschaftlicher Aufklärung freizulegen und uns damit zu einer Einsicht zu führen, welche den Umschlag in eine bestimmte Form der Postmoderne eher als eine naheliegende Folge eben jener Fehlorientierung erscheinen läßt. Und darauf, daß dieses Mißverständnis so überaus unabweisbar in unser Ver-

4 Ebd., 119.

ständnis wissenschaftlicher Aufklärung, in unsere gegenwärtigen Orientierungsverhältnisse also, eingearbeitet ist, beziehen sich Wittgensteins skeptische Bemerkungen über den unzeitgemäßen Charakter seiner Spätphilosophie.

Kants kritische Philosophie kann als der erste Versuch verstanden werden, das Zeitalter der wissenschaftlichen Aufklärung auf den Begriff zu bringen. Es gilt zu sehen, daß Wittgenstein auf den Schultern Kants steht und auch in diesem Sinne zur Moderne gehört, daß Wittgenstein Kants Begriff einer aufgeklärten Weltorientierung und damit dessen Vernunftkritik fortsetzt, sie über ihre Grenzen und die damit verbundenen eigentümlichen Verformungen hinaus entwickelt.

Die *erste* und grundlegende Einsicht des kritischen Kant besteht im Gewahrwerden einer Unterscheidung, welche bis heute die philosophische Analyse unserer Praxis und der darin eingebetteten Rede bestimmt: der Unterscheidung nämlich zwischen jenen Bedingungen, Regeln, Bestimmungen, welche gleichsam zur institutionellen Verfassung, zur *»Konstitution«*, unserer jeweiligen Handlungs- und Orientierungsvollzüge gehören – und den, demgegenüber, besonderen, *»empirischen« oder zufälligen Umständen* oder auch den »äußeren« Regulationen, welchen unser jeweils bereits konstituiertes Tun unterliegt.

Hier mag die Analogie zu einem Spiel, etwa dem Schachspiel, hilfreich sein, bei dem wir ebenfalls die *vereinbarten Regeln* von den *konkreten Zügen* unterscheiden, welche sich, in einer häufig einmaligen Folge und in bestimmten räumlichen und zeitlichen Umständen, nach den Spielregeln vollziehen, wenn wir das Spiel jeweils aktuell spielen.

(Wittgenstein wird später die für unsere Praxis jeweils konstitutiven Bestimmungen »grammatisch« nennen, im Blick darauf, daß diese Bestimmungen einen zugehörigen Gebrauch der *Sprache* enthalten, Sprachgebrauch und sonstige menschliche Praxis in den konstituierten Formen unseres gemeinsamen Lebens nicht getrennt werden können.)

Kant wendet die mit dieser Unterscheidung verbundene Einsicht nun *zweitens* insbesondere auf die *wissenschaftliche* Theorie- und Erfahrungspraxis an, in welcher uns unsere (natürliche) Welt als ein System gesetzlich geregelter Abläufe erscheint. Daß uns die Natur in der Form allgemeiner Verlaufsgesetze entgegentritt, gehört Kant zufolge zur *Konstitution* der einschlägigen Wissenschaftspraxis, beruht, mit anderen Worten Kants, auf unserem »Entwurf«, auf einer »Konstruktion«. Ein gleiches gilt für die mathematische Gestalt der wissenschaftlichen Naturdarstellung, für die in die wissenschaftlichen Deutungen (Rekonstruktionen) unserer Lebenswelt eingearbeiteten mathematischen Methoden, für die schematische Verfügung über die Sprache und den (internen) Gegenstand der Untersuchung, die uns dabei gelingt.

Eine *dritte* Einsicht Kants besteht schließlich darin, daß unsere (normale) Handlungs- und Verantwortungswelt, unsere *humane Lebenswelt*, einer (natur)wissenschaftlichen Rekonstruktion weder bedürftig noch zugänglich ist. Das Unternehmen wissenschaftlicher Weltorientierung ist eben eine *besondere »Maßnahme«* aufgeklärter Vernunft (eines aufgeklärten Umgangs mit unserer Welt), ergriffen im Blick auf das wissenschaftliche Interesse an allgemein verfügbarer Naturorientierung. Diese Maßnahme hat ihren *bestimmten* Sitz *in* unserer Lebenswelt, läßt sich mit ihrem *Handlungs*sinn nur *in dieser* begreifen, als praktische Maßnahme nicht selbst noch einmal auf das richten, was sie als umgreifende Praxis trägt.

Wer unsere humanen, als menschliche Handlungs-, Rechtfertigungs- und Verantwortungssituationen gedeuteten und organisierten Verhältnisse in naturwissenschaftlichen Begriffen (in den Begriffen und allgemeinen Sätzen einer situationsinvarianten wissenschaftlichen Orientierung) interpretiert, kennt sich also – das ist der Kern der Kantischen Vernunftkritik – grammatisch nicht aus, findet sich »kategorial« in den Unterschieden und Zusammenhängen nicht zurecht, welche das Verhältnis von *praktischer* Welt und *wissenschaftlicher* Erklärung bestimmen.

Kants Einsichten unterliegen allerdings, wie wir heute besser sehen können, gewissen Beschränkungen (der Perspektive):

Zunächst ist Kants Kritik der wissenschaftlichen Vernunft im großen und ganzen an der *naturwissenschaftlichen* Empirie und Theorie orientiert. Wissenschaftlich gemeinte *Theorien der humanen Welt*, wie sie heute etwa die Wirtschafts- und Sozialwissenschaften, die Linguistik oder die Psychologie und neuerdings die Technikwissenschaften von der Kommunikation darbieten, liegen noch nicht im historisch beschränkten Blickfelde Kants. Jedenfalls läßt es Kant im wesentlichen offen, ob es wissenschaftliche, aber nicht naturwissenschaftliche, Theorien von den praktischen Verhältnissen des Menschen geben kann. Nur zur Psychologie lesen wir in den *Metaphysischen Anfangsgründen der Naturwissenschaft*, daß sie, um eine (den Namen verdienende) Wissenschaft sein zu können, sich eine mathematische Form geben muß.

Ferner hat Kant noch nicht im Blick, daß sich seine Einsichten nun auch erstrecken auf das Verhältnis unserer *normalen Sprache* (der Sprache, mit der wir uns in unserer Lebenswelt im großen und ganzen gelungen bewegen können) zu derjenigen Sprache, in der unsere *wissenschaftliche* Orientierung im allgemeinen organisiert ist. Kants Welt wird von *Ereignissen, Handlungen* und *Gegenständen* bestimmt; und unser *sprachlicher Umgang* mit der Welt kommt dabei allenfalls verzerrt über seine abstrakten oder mentalen Stellvertreter, als Strukturen unserer *Begriffe* oder unseres *Bewußtseins* vor.

Es wird im folgenden darum gehen, den Weg von diesen, den Philosophen vertrauten Gedanken Kants zu ihrer Weiterentwicklung im Spätwerk Wittgensteins zu finden. Wenn ich jetzt einen Versuch in dieser Richtung unternehme, so mag er, nach Wittgensteins Voraussicht, einstweilen noch mißlingen, weil unsere Mißverständnisse, auch diejenigen, welche meinen Reden anhaften, ungebrochen sind. Es mag allerdings auch sein, daß wir inzwischen *praktisch*, nicht über unsere *Denk*tätigkeit, in eine Situation geraten sind, welche Wittgensteins Einsichten zeitgemäßer werden läßt.

Im unschuldigen Zugriff stellen sich die meisten Probleme, denen wir uns im täglichen Lebensvollzug erfahrend und handelnd zuwenden, als solche dar, welche *in bestimmten Situationen unserer Lebensumgebung* ihren Sitz und, gegebenenfalls, ihre Bewältigung haben. In diesem Sinne beginnen die Verhältnisse unseres Lebens *»lokal«*; und auch unser *sprachlicher Ausdruck* verrichtet seine Arbeit, wenn er einen *strengen* Bezug haben soll, zunächst in den besonderen Lebenssituationen, welche unsere übersehbare Lebensumgebung, unsere »lokale Welt« bilden. Dies bestimmt auch die Weise, wie wir die Sprache, insbesondere die mit ihr verbundenen Orientierungsmöglichkeiten, *erwerben:* Wir lernen (in bestimmten Situationen) *teilnehmend* kennen, welche Funktionen die Sprache (der sprachliche Ausdruck) jeweils hat und wie diese Funktionen erfüllt werden, zu welchem Ende wir *so* mit der Sprache umgehen können; und so beteiligen wir uns auch an der

»Erfindung« neuer Ausdrucksweisen, *zu bestimmten Zwecken.* Zugleich ist die Orientierung, welche uns in und mit der Sprache möglich wird, jedoch nicht an die Einführungskontexte, den ursprünglichen (ersten) Gebrauch gebunden. Vielmehr dient uns dieser als *Paradigma*, d. h. wir können uns mit der Sprache auch in neuen Orientierungssituationen bewegen, (deswegen) einander in den üblichen Grenzen *verstehen*, wenn sich unsere je eigenen (lokalen) Lebenssituationen verschränken, wenn wir einander als Sprachgebraucher gegenübertreten, welche zwar jeder für sich eine eigene lokale (sprachliche) *Biographie* haben – und doch in *gemeinsamen* sprachlichen Institutionen und damit in einer sprachlich vermittelten und verfaßten *gemeinsamen* Welt leben.

Hier scheint ein Problem des Übergangs von einigen zu allen gemeinsam sinnvollen (d. h. funktionstüchtigen) Verwendungen der Sprache (und auch der sprachlichen Ausdrücke) zu liegen, ein Problem, das uns z. B. nach *Regeln* suchen läßt, welche jeden richtigen Übergang garantieren, ihn (schematisch) kontrollierbar machen. Und doch ist hier kein Rätsel, das noch zu lösen wäre. Wir sehen durch die gelingende Tat, indem unsere *Artikulation verstanden* wird, daß uns die Übergänge zu einem für uns jeweils neuen Sprachgebrauch *gemeinsam* möglich sind. (Andererseits wäre auch jedes gemeinsame *Regel*verständnis auf dieselbe Art von praktisch gelingender Gemeinsamkeit bereits angewiesen.)

Demgegenüber (d. h. gegenüber den so charakterisierten Verhältnissen) sind die Wissenschaften mit der Verheißung verbunden, daß sich eine *situationsinvariant* verfügbare Sprache und ein darauf gegründetes, immer und überall verwendbares Wissen ausarbeiten ließen. Wissenschaftliche Erfahrungsprotokolle und Theorien enthalten zwar – in der Form etwa von Rahmenklauseln, von Voraussetzungen (des Schließens) oder von Anwendungsbedingungen – vielfältige Einschränkungen der Situationen, für welche ihre Aussagen gelten (sollen). Jedoch müssen diese einschränkenden Situationsbeschreibungen wiederum außerhalb bestimmter lokaler Verhältnisse, allgemein also, verständlich und zugänglich sein, damit sich den üblichen Ansprüchen eines jederzeit und überall kontrollierbaren theoretischen Wissens Genüge tun läßt.

Die dazu notwendige Universalität der Sprachverfügung läßt sich, so scheint es, durch eine Reihe von Maßnahmen erreichen:

Zum einen ist es ein in den technischen und experimentellen Wissenschaften erprobter Weg, die wissenschaftliche Sprache (und die mit ihr möglichen Orientierungen) an Situationen anzuschließen, welche sich prinzipiell jederzeit und überall *herstellen* lassen. – Wenn andererseits die Wissenschaftssprache (noch) an die alltägliche Umgebung des Menschen angeknüpft werden soll, können, wie es scheint, häufig elementare (allgemein zugängliche) *Standardsituationen* als Grundlage situationsinvariant möglicher Sprachkonstruktionen dienen. – Wo sich schließlich eine sprachliche Praxis offensichtlich nicht aus den bestimmten und vielfältigen Problemsituationen lösen läßt, in denen sie ihre Arbeit verrichtet, breiten sich im Ausgang von den Bedürfnissen einer allgemeinen Wissenschaftssprache ferner *Reduktionen* des normalen Sprachgebrauchs aus, d. h. die Wissenschaften fordern uns auf, so genannte »Rekonstruktionen« oder »Explikationen«, welche situationsinvariant orientierten Exaktheitsidealen verpflichtet sind, an die Stelle der uns vertrauten sprachlichen Bedeutungen treten zu lassen, unsere bisher üblichen Verständnisse also auf den »rationalen« Sprachgebrauch allgemeiner Wissenschaftssprachen *einzuschränken.*

Die Vielfalt der Situationen und Probleme, in denen unsere *normale* Sprache arbeitet, und die paradigmatischen Bestimmungen, durch welche sie darauf eingerichtet ist, gelten in der Perspektive wissenschaftlicher Aufklärung gern als »vorwissenschaftliche« Konfusität. Demgegenüber wollen uns Technik und Wissenschaften mit ihren allgemeinen, überall verfügbaren, eben ihren exakten, Sprach- und Orientierungsstrategien als das Gewinnen von Durchsicht, als Aufklärung im originären metaphorischen Wortsinn erscheinen.

Dies erzeugt die für unser Zeitalter charakteristische Vorstellung, wir müßten die exakten Ausdrucksweisen und Verständnisse an die Stelle unseres normalen Redens und Begreifens treten lassen, wo immer wir in ein rationales Verhältnis zu unserer Welt gelangen möchten. Wir erhalten so das Programm einer wissenschaftlichen »Erklärung« unserer Lebenswelt, wie es uns vor allem in der Tradition der analytischen Wissenschaftsphilosophie, am klarsten vielleicht bei Rudolf Carnap, unter Bezeichnungen wie »rationale Nachkonstruktion« oder »Rekonstruktion« entgegentritt.

Der Allgemeinheitsanspruch, mit dem Sprache und Theorien der Wissenschaften für uns in der Regel verbunden sind, antwortet andererseits auf eine uns allenthalben bedrängende Problemlage. Zur Signatur unseres Zeitalters gehört nämlich der, wie wir täglich erfahren, *globale* Charakter unserer (faktischen) Lebens- und Handlungswelt. Das heißt:

Zunehmend vieles von dem, was wir, zunächst jeder für sich, tun, tritt, nicht nur faktisch, sondern auch in unserem Verständnis, in Zusammenhänge des Handelns (und Erfahrens) ein, welche sich jenseits der Situationen vollziehen, in denen dieses, unser Tun, seinen unmittelbaren normalen Sitz hat. Die Probleme, mit denen wir es zunächst und alltäglich zu tun haben, sind im allgemeinen Probleme, welche in unserer näheren Lebenssphäre entstehen. Wir sind gewohnt, sie gegebenenfalls im direkten Zugriff zu lösen, im Blick auf das in diesen lokalen Verhältnissen Angemessene. Aber nun sehen wir zugleich, daß die vielen lokalen Problemlösungen, Entscheidungen und Handlungsweisen *zusammen*wirken und damit im Großen in unsere Lebensverhältnisse eingreifen. Das mag in Grenzen schon immer so gewesen sein, stellt sich nun aber als die allgemeine und beherrschende Bedingung des Lebens auf dieser Erde dar. – So sagt auch Wittgenstein (in einer früheren Fassung des bereits zitierten Vorwortes) von unserer Zivilisation: »Ihre Tätigkeit ist es, ein immer komplizierteres Gebilde zu konstruieren. Und auch die Klarheit dient doch nur wieder diesem Zweck und ist nicht Selbstzweck.«[5]

Und hier liegt es nun sehr nahe, an eine unsere lokalen Situationen übergreifende Lösung unserer Probleme zu denken und diese von wissenschaftlichen Untersuchungen zu erwarten, welche sich, zusammen mit der Untersuchungssprache, bereits aus unseren lokalen Handlungs- und Orientierungsverhältnissen herausbegeben, mit allgemeinen Sprachverständnissen und Theorien Ordnung, Einheit und Klarheit in die Konfusität menschlicher Praxis in dieser Welt zu bringen trachten.

Es ist die Perspektive des späten Wittgenstein, daß die Vorstellung, uns müßten oder könnten über eine situationsinvariant verfügbare Semantik kulturwissenschaftliche Erklärungen unserer alltäglichen Sprache und der mit ihr (in ihr) möglichen Verständnisse gelingen, entweder eine Illusion darstellt oder auf eine wesentliche Veränderung, ja Elimination der humanen Welt hinausläuft, wie sie uns bekannt ist. *Daher* heißt es in den *Philosophi-*

5 Ebd., 22.

schen Untersuchungen Wittgensteins: »Alle *Erklärung* muß fort, und nur Beschreibung an ihre Stelle treten« (I 109).

Die humane Lebenswelt und die sie bildenden, bestimmten (Problem-)Situationen sind, wie wir als Lebenserfahrene wissen, nicht nach dem »logischen Lineale« (Frege) gemacht. Sie ähneln in ihrer Vielfalt eher, mit bevorzugten Bildern Wittgensteins gesagt, einer *Landschaft* oder der Struktur einer gewachsenen *alten Stadt.*

Auf diese Verhältnisse (und in ihnen) haben wir uns mit unserem normalen Sprachgebrauch eingerichtet. Unsere alltäglichen sprachlichen Institutionen, heißt das, sind so beschaffen, daß sie sich auf bestimmte *Geflechte* von Gebrauchssituationen beziehen, in solchen Geflechten sinnvoll verwenden lassen, Geflechten überdies, die *offen* sind, d. h. stets (um *neue* Gebrauchssituationen) *ergänzt* werden können.

Entsprechend ist die Sprache, mit der wir uns in unserer Lebenswelt bewegen, (in ihren wesentlichen Teilen) nicht durch feste *Regeln*, welche uns als ein situationsunabhängiges Wissen oder Können verfügbar wären, sondern *paradigmatisch* bestimmt; obwohl wir, selbstverständlich, bei der sprachlichen Verständigung auch immer wieder Regeln, z. B. grammatische Regeln, anwenden. Die Paradigmen des Sprachgebrauchs, welche wir jeweils (kennen)gelernt haben, legen zwar die Richtung gewissermaßen öffentlich fest, in die wir mit der Sprache gehen können (dürfen). Sie lassen allerdings zugleich Raum für das Maß sprachlicher Erfindung, auf welches wir nicht verzichten können, wenn wir mit den uns vertrauten Worten und Sätzen in neuen Umgebungen, mit ihren unerwarteten, obwohl jeweils bestimmten, Verständigungs- und Orientierungsproblemen, operieren wollen. Hier herrscht Urteilskraft, und nicht etwa die situationsinvariante Kontrollierbarkeit deduktiver sprachlicher Beziehungen. Unser lebensweltlicher Sprachgebrauch läßt sich daher weder eindeutig »operationalisieren« oder definieren noch ohne Verlust des Wesentlichen in (axiomatische oder theoriesprachliche) Satzsysteme einbetten (»implizit« rekonstruieren). »Beim Philosophieren muß man in's alte Chaos hinabsteigen, und sich dort wohl fühlen«[6], notiert Wittgenstein 1948.

Wesentlich ist hier eben, daß wir (unseren) Worten und Sätzen außerhalb einer *übersehbaren Umgebung* überhaupt keine *ge-*

6 Ebd., 126

naue Bedeutung geben (oder ansehen) können. Daher besteht die eigentümliche *Strenge* des »Philosophierens« über die natürliche Sprache darin, übersichtliche Verhältnisse wiederherzustellen, wo uns der Zusammenhang zwischen Satz und *Gebrauchssituation* abhandengekommen ist. »Der Begriff der übersichtlichen Darstellung ist für uns von grundlegender Bedeutung«, schreibt Wittgenstein in den *Philosophischen Untersuchungen.* »Er bezeichnet unsere Darstellungsform, die Art, wie wir die Dinge sehen.« (I 122)

Im Blick auf die beschriebene Situation gewinnen Kants Einsichten in Wittgensteins später Philosophie eine neue Form:

1. Sich der *Konstitution* unserer praktischen Formen zuzuwenden, heißt, das wird jetzt klar, zugleich, den Zusammenhang mit den in diese Formen eingearbeiteten *sprachlichen* Handlungsweisen zu verstehen; so daß Wittgenstein Kants aus der Rechtssphäre entlehntes Bild durch eine Metapher aus der Welt der Sprachbeschreibung ersetzt, die (metaphorisch verwendeten!) Worte »Grammatik«, »grammatisch« an die Stelle der Worte »Konstitution«, »konstitutiv« treten läßt. – Zugleich zeigt und bestimmt sich mit unseren sprachlichen Handlungsweisen, wie wir die *praktischen* Formen begreifen, in denen sich unser Leben bewegt.

Weil unsere Sprach- und Lebensformen ineinander gearbeitet, »grammatisch« aufeinander bezogen sind, wirken sich Änderungen oder Mißverständnisse unserer *sprachlichen* Umgangsformen zugleich als eine neue oder falsche Art des *Lebens* und Lebensverständnisses aus. Dies gilt dann insbesondere für unsere *wissenschaftlichen* Sprachverständnisse und die ihnen innewohnende Tendenz, unsere in die lokalen Verhältnisse unserer Lebenswelt institutionell eingelassenen Sprachgebräuche durch eine allgemeine, wissenschaftsinterne Bedeutung der Ausdrücke und Sätze zu ersetzen, d. h. die Sätze unserer Sprache von den Umständen ihrer Äußerung zu trennen und in universal reproduzierbare Theorien (Satzsysteme) oder Standardsituationen einzubinden.

2. Wie für Kant unser *natur*wissenschaftlich organisiertes Weltverständnis sich einer (natürlich wichtigen) Sonderpraxis verdankt und in seinen Grenzen durch deren Grammatik bestimmt ist – so sind für den späten Wittgenstein ganz allgemein die Praktiken wissenschaftlicher Sprachregulation und Weltbeschreibung eine unter bestimmten Bedingungen und Perspektiven mögliche,

jeweils zu bestimmten Zwecken *gewählte* Orientierungskonstruktion, ein für die Bewältigung bestimmter Probleme »erfundenes« Spiel.

3. Wissenschaftliche Theorien (und Modelle) und ihr *interner*, situationsunabhängig verfügbarer, Sprachrahmen können daher unsere alltäglichen Lebens- und Sprachverständnisse weder ersetzen noch »erklären«. Wo sie nicht der Anleitung und Beherrschung einer (etwa technischen) Sonderpraxis dienen, beleuchten sie, was wir tun oder verstehen, in dieser oder jener Hinsicht, tragen, im guten Falle, zu Klarheit bei.

Die wissenschaftlichen Theorien und Sprachgebräuche überschreiten also die Grenzen, welche ihnen, grammatisch, gezogen sind, wenn sie uns für unsere normalen Lebensprobleme allgemeine (theoretische) Problemlösungen verheißen, Problemlösungen, welche sich jenseits unserer jeweiligen lebensweltlichen Umgebungen ausarbeiten und ansiedeln lassen. Das Phänomen, welches Wittgenstein hier zutiefst beunruhigt, ist die Zerstörung oder Paralyse der lokalen (unmittelbaren) Handlungs-, Problem- und Verantwortungsverständnisse, ihre Auflösung in den wissenschaftlichen Schein einer übergreifenden Orientierung durch wissenschaftliche Theorien und Erklärungen der Verhältnisse in der humanen Welt.

Die wissenschaftliche Sprache und Theoriebildung könnte die Probleme unserer normalen praktischen Situationen nur in einem Falle lösen, um den Preis nämlich, daß es gelänge, unser Leben selbst im Sinne einer situationsinvariant kontrollierbaren und so allgemeinen Sprache zu *standardisieren.* Vielleicht ließe sich ja die Welt neu so einrichten, daß die gewohnten humanen, gewissermaßen alteuropäischen, Situationen ganz verschwänden, diejenigen Situationen, für deren Probleme eine auf das Allgemeine spezialisierte wissenschaftliche Zivilisation einstweilen allenfalls scheinbar, wie ein uneinlösbares Versprechen, eine Bewältigung bieten kann.

Wie wir gesehen haben, arbeitet Wittgenstein in seinen philosophischen Untersuchungen gegen einen für unser wissenschaftliches Zeitalter charakteristischen Irrtum an, einen Irrtum, der sich darin ausdrückt, wie wir uns mit unserer Sprache, und hier vor allem unserer wissenschaftlichen Sprache, in der Welt orientieren wollen. So daß dann (nach Wittgensteins getaner philosophischer Arbeit) die selbstverständliche Situation, in der wir uns mit der

Sprache in der Welt (in unseren normalen Situationen) befinden, als diese wieder hervortreten, uns wieder vertraut werden kann, ohne daß die Philosophie dieses nun noch eigens, konstruktiv, lehren müßte. Wittgensteins späte Philosophie ist insoweit *negative Philosophie*.

Hier ist noch ein Wort zur eigentümlichen Form zu sagen, in der uns diese Philosophie entgegentritt. Es liegt nahe, Wittgensteins späte philosophische Untersuchungen als *fragmentarische* Bemerkungen zu verstehen, Bemerkungen, welche der Autor, aus verschiedenen Gründen, nicht mehr zu einer *systematischen* Theorie zusammenfügen oder ausarbeiten konnte. In dieser Perspektive verfährt mit Wittgenstein, wer etwa seine Analysen zur Bedeutung der Worte und Sätze als Vorstufe und Grundorientierung für eine (sprach)pragmatisch ausgerichtete Theorie der Sprache begreift.

Ich möchte Ihnen eine andere Lesart nahelegen, nämlich in Wittgensteins Untersuchungen *Übungen* zu sehen, Übungen, in denen uns stets dieselbe Änderung unserer Perspektive an immer neuen Gegenständen zugemutet wird. Wittgensteins Spätphilosophie will dann also ihre Einsichten *praktisch* vermitteln, d. h. sie teilt uns die richtige Sicht unserer Lebensverhältnisse nicht in Form von *Theorien* oder *Berichten* mit, *übt* uns vielmehr in sie *ein*.

Blicken wir nun so auf die *Form* der späten Philosophie Wittgensteins; kann ich Ihnen dann mit meinen allgemeinen Überlegungen beweisen (oder *wirklich* zeigen), daß und wie Wittgensteins späte Philosophie Kants Kritik der wissenschaftlichen Aufklärung vollendet? – Offenbar nicht ohne weiteres. Denn wenn Wittgenstein recht hat – wie ich denke –, dann bedarf es einer langen und schwierigen Übung, einer bestimmten Praxis also, um jene Perspektive kritisch zu gewinnen (zurückzugewinnen), welche Wittgenstein unseren Mißverständnissen wissenschaftlicher Aufklärung entgegensetzt. Und die Erfahrungen dieses (von Wittgenstein aus- und vorgeführten) praktischen Weges zur Einsicht lassen sich nicht durch ein Reden *über* diesen Weg, durch das bloße Vorzeigen einer Landkarte gewissermaßen, ersetzen.

Müssen wir also, wenn wir Wittgenstein folgen, am Ende auf die wissenschaftlichen Orientierungen und Erklärungen wieder verzichten, die doch als unbestrittener Rationalitätsgewinn unseres

Zeitalters gelten? Natürlich kann dies der späte Wittgenstein nicht meinen: Wir wollen oder sollen ja weder den Naturwissenschaften ihre von Kant abgegrenzten sinnvollen Probleme noch den technischen Disziplinen ihre bestimmten Aufgaben und Untersuchungen nehmen.

Ob es aber für die vorhandene *menschliche* Welt etwas Analoges geben kann, eben dies läßt sich sinnvoll bezweifeln. Wenn dieser Zweifel berechtigt ist, wenn die Sprache, in der wir unsere *lebensweltlichen* Probleme formulieren, sich den semantischen Allgemeinheitsansprüchen einer (exakten) Wissenschaftssprache weitgehend entzieht – dann besteht in der Tat ein (praktischer) Widerspruch zwischen den »alten« Bedingungen übersehbarer Handlungs- und Verantwortungssituationen des Menschen und – auf der anderen Seite – den wissenschaftlichen Konstruktionen und Entwicklungen, die einer global verfügbaren Handlungswelt angehören. Die Kommunikations-, Handlungs- und Sozialentwicklungswissenschaften können sich, undeutlich genug, auf das Ganze und Allgemeine einer zusammengewachsenen Welt nur so beziehen, daß sie zugleich unsere lokalen Sprach- und Problemverständnisse nicht mehr erreichen. Daher haben sie einstweilen keine Chance, den angegebenen praktischen Widerspruch unserer Welt zu bewältigen.

Bleibt die Alternative, daß die Übereinstimmung zwischen unseren normalen Lebens- und Sprachverständnissen und ihren so genannten wissenschaftlichen und wissenschaftssprachlichen Rekonstruktionen gewissermaßen *nachträglich*, in einer Entwicklung, welche noch vor uns liegt, hergestellt wird. Es ist nämlich möglich, daß unsere alten lebensweltlichen Handlungs- und Verständigungsweisen durch die Ausdehnung szientistischer Rekonstruktionen gleichsam von innen ausgehöhlt und dann erodiert werden. Wir träfen dann in Zukunft die grammatischen Verhältnisse nicht mehr an, mit denen die sprachlichen und praktischen Orientierungsansprüche der Wissenschaft jetzt noch aussichtslos zu kämpfen haben.

Wir wissen nicht, welchen Weg unsere Zivilisation gehen wird. Wir wissen aber, daß Wittgenstein die zuletzt erwähnte Alternative als unvereinbar mit einer vernünftigen menschlichen Kultur angesehen hat.

Nachweise

»Universalität als Lebensform. Zu den (unlösbaren) Schwierigkeiten, das gute und vernünftige Leben über formale Kriterien zu bestimmen«, in: W. Oelmüller (Hg.), *Materialien zur Normendiskussion*, Band 2: *Normenbegründung – Normendurchsetzung* (Paderborn: Ferdinand Schönigh 1978), 11-21.

»Vernunft: Kriterium oder Kultur? Zur Definierbarkeit des Vernünftigen«. Erstveröffentlichung eines Manuskriptes, dessen erste Fassung 1984 entstanden ist.

»Begründungen und Lebensformen. Zur Kritik des ethischen Pluralismus«, in: W. Kuhlmann (Hg.), *Moralität und Sittlichkeit. Das Problem Hegels und die Diskursethik* (Frankfurt: Suhrkamp 1986), 85-100.

»Zur grammatischen Unmöglichkeit einer evolutionstheoretischen Erklärung der humanen Welt«, in: R. Spaemann/P. Koslowski/R. Löw (Hg.), *Evolutionstheorie und menschliches Selbstverständnis des Menschen. Zur philosophischen Kritik eines Paradigmas moderner Wissenschaft* (Weinheim: Acta humaniora 1984), 35-53.

»Friede und Konfliktbewältigung, handlungstheoretisch und ethisch betrachtet«, in: W. Kempf/G. Aschenbach (Hg.), *Konflikt und Konfliktbewältigung. Handlungstheoretische Aspekte einer praxisorientierten psychologischen Forschung* (Bern/Stuttgart/Wien: Huber 1981), 181-194.

»Über die Gelassenheit. Zum vernünftigen Umgang mit dem Unverfügbaren«. Erstveröffentlichung eines 1978 geschriebenen Manuskriptes.

»Bemerkungen zu Verständnis und Wahrheit religiöser Rede und Praxis«, in: W. Oelmüller (Hg.), *Kolloquium Religion und Philosophie*, Band 2: *Wahrheitsansprüche der Religionen heute* (Paderborn: Ferdinand Schönigh 1986), 62-64.

»Zur Philosophie der Kunst. Über zu einfach gedachte begriffliche Verhältnisse«. Erstveröffentlichung eines Manuskriptes aus dem Jahre 1988.

»Autonomie, mit Kant betrachtet. Zu den Grundlagen von Handlungstheorie und Moralphilosophie«, in: *Perspektiven der Philosophie*, *Neues Jahrbuch* 4 (1978), 119-133.

»Bemerkungen zum praktischen Selbstverständnis des Menschen, in Kantischer Perspektive«, in: G. Prauss (Hg.), *Handlungstheorie und Transzendentalphilosophie* (Frankfurt: Suhrkamp 1986), 132-143.

»Wittgensteins späte Philosophie. Zur Vollendung von Kants Kritik der wissenschaftlichen Aufklärung«. Erstveröffentlichung eines 1986 entstandenen Manuskriptes.